高职院校图书馆参与校园文化建设的研究

王爱品◎著

吉林出版集团股份有限公司
全国百佳图书出版单位

图书在版编目（CIP）数据

高职院校图书馆参与校园文化建设的研究 / 王爱品
著. -- 长春 : 吉林出版集团股份有限公司，2023.3
　ISBN　978-7-5731-3126-3

　Ⅰ.①高… Ⅱ.①王… Ⅲ.①高等职业教育—院校图
书馆—参与管理—校园文化—建设—研究—中国 Ⅳ.
①G258.6②G718.5

中国国家版本馆CIP数据核字(2023)第057641号

高职院校图书馆参与校园文化建设的研究

GAOZHI YUANXIAO TUSHUGUAN CANYU XIAOYUAN WENHUA JIANSHE DE YANJIU

著　　者　王爱品
出 版 人　吴　强
责任编辑　蔡宏浩
开　　本　787 mm × 1092 mm　1/16
印　　张　10
字　　数　150千字
版　　次　2023年3月第1版
印　　次　2023年8月第1次印刷

出　　版　吉林出版集团股份有限公司
发　　行　吉林音像出版社有限责任公司
　　　　　（吉林省长春市南关区福祉大路5788号）

电　　话　0431-81629679
印　　刷　吉林省信诚印刷有限公司

ISBN 978-7-5731-3126-3　　定　　价　58.00元

前　言

　　目前，我国的高职院校以技能型人才培养为主，在高职院校的整体发展中，图书馆一直处于教学辅助地位，其发展与建设主要由高职院校的建设形势来决定。随着职业教育的不断发展，高职院校也面临着转型与改革，图书馆实现传统文化向书香文化的转型升级也迫在眉睫。在教学和文化育人的阵地上，进一步推进图书馆参与校园文化建设，进而打造书香校园。

　　高职院校图书馆参与校园文化建设作为高职校园文化中重要的组成部分，在推进校园文化建设方面具有不容忽视的价值。高职图书馆由于其性质、特点和功能，决定了它在高职文化建设中充当着特殊的角色，占有独特的地位，具有重要的作用。高职院校要想不断向前发展，必须加强图书馆文化的建设，这个是其实现可持续发展的基本途径，对于展现高职的文化价值、增强学术的氛围、继承历史都具有很大的帮助。

　　基于此，本书对高职院校图书馆参与校园文化建设展开了研究，书中首先对高职院校图书馆的地位与功能做出了分析与论述，然后介绍了高职校园文化建设与高职图书馆文化，在此基础上重点分析了高职图书馆参与校园文化建设现状、建设思维及建设实践，最后探析了高职图书馆学科服务与信息化管理、人文管理与发展及高职图书馆文化的创新，以期充分发挥出图书馆在高职院校校园文化建设中的重要价值，对于加快高职图书馆文化大繁荣，推动校园文化大发展具有一定的借鉴意义。

目 录

第一章 高职图书馆的地位和功能

第一节 高职图书馆的特征和地位

一、高职图书馆的主要特征

"图书馆"一词是外来语，含义是藏书的地方。在我国古代的藏书楼有阁、观、院、斋的称呼，最先被称为"图书馆"的是湖北省图书馆和湖南省图书馆。追溯图书馆的定义，从不同的历史角度、不同的历史背景，有着不同的含义，综合起来，图书馆的定义主要包含下面几个元素：①服务对象：文献资料和读者；②服务程序：文献资料的收集、整理、保存、传递和开发；③服务目的：提供文献资料利用与服务；④服务性质：文化性、教育学和服务性。在上述四种元素基础上，图书馆的含义可以总结为：集中收纳文献信息资源，通过多种形式向个人或组织提供信息服务的文化和教育服务机构。图书馆组织单位的性质和属性不同，按照类型可以分为学校图书馆、政府组织的公共图书馆、医院图书馆以及科研图书馆等。这些图书馆都属于不同组织和机构。

由图书馆的定义可以了解，我国高职图书馆是按主管部门或领导系统区分的类别，工作特点和规律有其自身的特点，对于文献信息资料的收集和借阅活动，高职图书馆的工作主要围绕高职师生开展。

（一）服务对象：高职学生和教师

在服务对象上，高职图书馆主要以教师和学生为主。作为读者，高职师生的知识水平相对较高，因此，所需的文献资料具有一定的专业性和学术性，而且根据大学的特点及专业方向，很多都需要一定数量的外文文献作支撑。高职图书馆除了必须配备专业的纸质文献资料以外，还必须有一定的电子文献资料，便于师生查阅最新、最前沿的研究资料。此外，高职师生在图书馆的使用上，存在明显的时间规律性。如开学时，师生对教学方面的图书资料需求较大；学期末，复习资料的需求也会变大。这就要求图书馆在搜集和整理资料时体现这些时间规律性，更好地服务高职的教学科研工作。

（二）藏书量：数量多、品种全

与其他类型图书馆相比，高职图书馆的藏书更加丰富，涉及的内容更加全面。针对学校的专业和学科设置，一般都会搜罗国内外优秀的书刊遍及文、理、工、农、医等各个领域，具有广阔的学科覆盖面，而其中学校的重点学科文献的收藏最为完整，专业性强、学术性强，教育教学方面的图书复本量大。

（三）体系：专业体系全

高职图书馆主要为具有较高知识水平的教师和学生服务，各个专业一般都会设立资料室或图书馆分馆，对学校图书馆的图书资料进行有效补充，形成了一个藏书丰富，专业学术性强、专业资料全面的知识体系，从而为学校的教学和研究提供了丰富全面的文献资料支撑。

二、高职图书馆的地位

地位是指某一个人、组织或机构在社会关系中所处的位置及起到的作用。而图书馆的地位是指在经济社会的发展中，图书馆的角色以及其能够发挥的效用。由此推及，高职图书馆的地位是指在高职教学、科研和文化发展中所起到的作用和位置。图书馆作为重要的高职文化服务机构，一直担当着重要的角色并发挥重要作用。一方面，高职图书馆收藏、保存着图书等珍贵的文献信息资料，成为高职教师和学生学习、开展科研工作的基础和重要的知识来源，并提供给高职在任何时候都可以开展科研教学的知识积累保障。另一方面，高职图书馆是传播文化知识的服务机构。图书馆是与实验室并列的两大机构之一，作为重要的知识服务机构，为学校的科研和学习提供了基本的条件。首先是具有一定的图书文献资料收藏量，还拥有一定数量的数据库；其次是具备服务场所、设备、阅读及查阅资料的场地；最后是为师生提供了优质的信息文献服务，由此为高职的科研和教学搭建起一个完整的知识服务平台，对学生的学习和高职发展有着至关重要的作用。因此，每个学校的必备要件中，图书馆是其中之一。同时，高职图书馆所具有的实力还体现出一个学校的办学水平和实力，是高职文化实力的重要组成部分。

高职图书馆必须为社会的物质文明和精神文明建设服务。因此，要充分认识到图书馆的重要性，提高图书馆的地位。首先，出发点要明确国家的大政教育方针，理解我国的教育职能，从而将这种职能分解到图书馆的每一项工作中。其次，要分析高职图书馆为培养全面发展人才的服务过程。高职图书馆的定位是高职教育、科研的服务机构，作为信息储存、传播的机构，具有综合性，是高职课堂教育的补充和延伸，是重要的教学辅助单位。

第二节　高职图书馆的性质

一、本质属性：服务科研教学的服务机构

每个事物都具有本质属性和一般属性，所谓的本质属性是指事物本身所具有的属性，能够与其他事物的本质特点相区别，对事物本身的特质起到决定作用，外界能够通过这种本质属性对某个事物进行识别；一般属性是指事物普遍具有的特点，通常会定义某一类的事物。而在图书馆的性质上，其本质属性是指图书馆本身所具有的特点，这些本质属性对图书馆的职能、机构、发展方向以及服务的方式方法等产生了限制。对图书馆本质属性的认识经过了一段历史时期的变化，从 20 世纪 50 年代到改革开放，对于图书馆的认知，学术界认为其本质属性是阶级性。但自改革开放以来，这种认知发生了变化，阶级性是图书馆本质属性的认知被推翻，且产生了不同的观点。有学者认为图书馆的本质属性是中介性，正因为这个属性，图书馆才有存在的价值；但也有学者认为，图书馆的本质是一种文化和科学现象，是社会科学和文化发展到一定阶段的结果，其本质属性是保存知识和传播知识；还有学者认为图书馆是中介机构，但这不是图书馆的本质属性，借阅性才是图书馆的本质属性；也有人认为图书馆的本质属性是知识的积累和交流、"文献资料的检索性"和"藏用性"及"工具性"等。近年来，学术界要求清晰认识图书馆本质属性的想法越来越强烈，并开展

了一些辩论，主要区分图书馆本质属性，到底是服务性的学术机构，还是学术性的服务机构，看似是词语的顺序问题，但实质上是一个本质属性的问题，是服务机构，还是学术机构？学术和服务，谁是第一位的？若是学术性的服务机构，强调的重点是图书馆的服务性；如果是服务性的学术机构，则强调的重点为图书馆是学术机构，注重其学术性。高职图书馆的本质属性被定义为一个服务性的学术机构，最本质的特征是服务教学科研工作，主要理由如下。

（一）从工作对象上来说

读者是图书馆的服务对象，图书馆内的一切工作的开展都是围绕读者进行的。读者在图书馆获取相关信息和文献，满足读者的需求才是工作的中心环节，为读者提供最便捷的服务。图书馆各项工作开展的原则是读者在图书馆内是否得到最优质的服务。图书馆需要在文献丰富程度、读者查阅工作的便捷度、查询速度上下功夫，这是图书馆提高服务水平、提升服务质量的永恒主题，一切工作围绕读者这个服务对象展开，才能够在工作中取得实际效果。只有这样，图书馆的本质属性才会被充分地体现出来。

（二）从工作内容上来说

高职图书馆作为高校的文献信息中心，图书馆每年都会根据学校内各专业的设置情况和读者特点，采购相关的图书，并有针对性地丰富数据库的内容，满足师生科研和教学需要。同时，图书馆在进行图书分类时，会参考师生的建议，对图书的分类和设置做相应的调整，满足师生的需要。例如，为了满足师生能够在家进行数据库资料的查阅，图书馆都逐步设置了远程访问的 VPN 系统，为师生提供最大的便利；书架以及书库的设置和布局上，都会根据师生需求特点安排；等等。总之，高职图书馆工作的开展与读者具有密切的联系性，是一个整体。

二、一般属性：图书馆的共有属性

（一）中介性

对于有些学者认为图书馆的本质属性是中介性。中介性是一切中介服务机构的特性，图书馆也被包含其中，并不是图书馆一个机构的特性，只是一般属性。

图书馆一方面收集和整序大量的文献信息资料，另一方面服务着有纷繁复杂的文献信息需要的读者。图书馆连接了图书文献资料和读者，是读者和文献信息资料二者之间的桥梁。通过图书馆，文献信息资料能够有效传递到读者的手中，而读者通过图书馆能够查阅到自己想要的文献信息资料，二者实现了有效对接。

（二）教育性

图书馆是一个学校广义的教师，其通过图书等文献信息资料传递知识，为读者提供全方位、终身的教学资源，对教育的发展起到了促进作用。学校教学中的课堂教学，主要是传授学生的专业知识，而图书馆则以培养学生的实践动手能力为主，是不能缺少的环节之一。同时，课堂提供给学生的是专业知识，而图书馆提供给学生内容丰富多样化的知识，学习方式多种多样。图书馆不仅提供给学生知识，还教会了学生自主学习的方式，培养了学生的自学能力，探索知识世界的方法。图书馆提供的教育活动不仅包括了推荐文献资料、辅导读者阅读，还包括了各类型的讲座、学术报告会，举办培训班等多种活动。通过图书馆丰富的教育活动内容，能够提升学生对学习的兴趣，激发学生对知识的渴求。现在的图书馆除了设置有传统的图书文献资料库以外，还建立了电子阅览室，购买了多种多样的网络课程和视频资料，读者通过这些途径能够学到课堂教授以外的知识，拓展了自己的知识面，提升了自己的知识储备。在使用这些数字化工具的同时，也强化了自己对现代教育技术工具的使用知识，也是一种锻炼和能力提升。

（三）准公共性

图书馆收藏国内外图书文献信息资料，保存人类最优秀的文明成果，它是带有一定专业性的服务机构，是为全体公众服务的机构，其经费来源于国家政府预算。作为政府的公共物品，全社会的公民都有权利享有，在其所具有的效用上，有共享性、消费上的非竞争性、受益上的非排他性。图书馆的性质决定了其社会公益性，为社会提供公共产品和服务。若图书馆不再具有公共服务性，不能为社会公众提供公共服务产品，那么就失去了原本的意义。但高职图书馆具有特殊性，其服务的对象主要是本校的师生，通常情况下，进入高职图书馆的权利，只有本校的师生拥有，他们才是本校图书馆的正式读者。当然，随着开放性不断增加，一些高职图书馆允许外界人员办理本校图书馆的借阅证，并进入到图书馆内学习，所以高职图书馆与社会公共图书馆一样，均具有公共性。但局限在一定的范围之内，因此不属于完全的公共产品，可以看成是一个准公共产品。

（四）社会性

社会是由一定的经济基础和上层建筑构成的一个统一体，社会还指有共同物质条件相互联系形成的人群。图书馆是人建立的一个机构，图书馆为人类提供精神资料，具有明显的社会性。

图书馆的资源——文献信息资料具有社会性。文献信息资料是一种文化资源，是人类物质文明和精神文明的积累，是人类智慧的结晶，这种文化资源的积累是人类在征服自然、改造自然的过程中积累起来的，经过文献信息资料的积累和传播，知识和方法论得到了发扬光大，对后来的社会改造提供了指导，并为社会的进步提供精神动力和智力支持。

图书馆服务对象具有社会性。图书馆是服务社会公众的机构，尽管每一个类别的图书馆有自己相对独立的群体，这些群体是各式各样的，比如说高职图书馆，服务的是在校师生，这些师生本身就具有社会性，他们来自不同的地区，专业不同，知识背景不同，而且随着高职图书馆社会化加深，服务群体不断扩大，社会化的程度也不断拓展。因此，可以说，图书馆的社会性是重要的属性。

第三节 高职图书馆的职能

一、教育的性质

（一）教育的本质特点

本质是事物内部的必然联系，是事物比较深刻、一贯和稳定的方面。亚里士多德最早提出了"本质"一词，认为本质是指事物存在、变化的原因和根据，事物发展的根本规律。探讨教育的本质，就是探讨教育这一事物内部的必然联系。对于教育的本质认识，需要把握两个方面。

其一，教育的质与教育本质。教育本质区别于其他事物的根本原因和依据，其实是由教育自身所固有的特殊矛盾构成的，是教育内部包含的一系列必然性、规律性的东西。要想认识教育的本质，需要从根本上认识教育是什么，以及教育应该是什么。教育的质主要是通过教育的属性反映出来的，教育的属性涉及的方面很多，如促进社会政治、经济、文化、科技发展以及促进人的发展等。通常情况下，教育的某种属性不能代替教育的本质，如用教育的政治属性或文化属性代替教育的本质。

其二，教育现象与教育本质。在各种教育现象的内部隐藏着教育本质，这是人的感官不能直接感知的，只有通过教育现象进行综合性分析，才能逐渐认识到教育本质。而教育的现象则是人们通过感官直接感知的事物的各个方面，是教育事物的外部联系。教育的社会现象反映出的是培养人的活动实践中的形态，这种形态是多维度且是多方面的。而有目的、有意识地增加人的知识技能，影响人的思想品质，增强人的身体素质等活动，不管是有组织性的，还是无组织性的，是系统的还是零散的，是连续的还是非连续的，如社会教育、家庭教育、学校教育等，均在教育现象的范畴内。

作为一种漫长而复杂的社会活动，教育与社会的政治、经济、军事、文化和科技等方面有着紧密的联系，人们从不同的角度获得各自对教育的理解和看法。古今中外的学者对于教育本质的认识也是各不相同、多种多样的。

人们之所以对教育有着各不相同的看法，主要是因为：其一，本质作为事物内部的必然联系，隐藏在各种教育事实、现象之中，因此增加了把握的难度。其二，"教育是什么"与"教育应该是什么"、"教育是什么"与"什么是教育"常常是纠缠在一起的，在分离教育的事实判断与价值判断总是存在难度。其三，教育事物本身具有复杂性，这种性质给探寻教育本质增加了难度。教育是多种现象（自然、社会、历史、个人、文化、科技、精神等）的混合体。同时，人的发展受许多因素的影响或制约。例如，人的发展受到多种因素的制约，包括自然影响与人工影响、社会影响与学校影响、正式影响与非正式影响、权威影响与平等（同辈）影响等，也都规约着教育的本质。其四，教育本质研究中的逻辑起点具有多元化，研究方法多样，例如，"个人道德本位论""个人本位论""个人精神本位论""文化本位论""社会本位论"等。

1. 教育：促进、提升个体和人类素质的活动

将人的自然个体生命引向"类生命"是教育的根本目的，而"类生命"是在具体的社会历史条件下，人的自然生命、社会生命和自我生命的综合统一体。

其一，教育使人的自然生命成长维度得到提升。一个人的自然生命是人成长的先天条件与后天因素相互作用和相互影响产生的，先天生命是基础，后天环境因素为辅，在人自然生命的成长中发挥出十分重要的作用，在后天环境中，教育的影响程度最深最广。教育促使人的自然生命成长，主要表现在身体素质发展和智慧品质发展上。在人与自然的关系上，人的自然化与自然的人化是统一的，人的自然性统一或整合了人化的自然与自然的人化。人的自然属性能够被看作是生物成熟与受到文化影响后，二者相互作用的产物。同时，在人的自然生命成长方面，教育促进人的自然生命的成长主要表现在机能上而不是形态上，且在教育的功能上，其主要是使人的自然生命由自发的状态向自觉的状态改变。

其二，教育促进了人的社会属性的发展。教育的基本职能中，引导、培育人的社会性是其中之一。人在其现实性上是一切社会关系的总和。人的社会性整合和统一了人的社会化与社会的个人化。教育的实施对人的社会属性发展起到了促进作用，完成的过程主要是通过公民教育和职业教育的方式。由于教育需要培养人的社会生活经验和能力，使人成为合格的社会成员，因此，需要公民教育；而教育中要培养个人具有社会生产经验和技能，使人成为合格的劳动者，因此，需要职业教育。

其三，教育促进人的自我属性的发展。马克思指出：一个物种的全部特性就在于生命活动的性质，而人的类特性就是自由和自觉的活动。动物不具有生命活动的意识，而人具有生命活动意识。人作为教育的对象，时刻在"思维着"的，一个人的兴趣、爱好、情感以及性格和个性特征等是能够通过主客体之间的相互作用，积极、能动地认识、调节自我，进而实现个人世界和外界环境之间的动态平衡。教育者在对受教育者进行培养时，要将具有主动性以及创造性品质的受教者作为主体，而不能当作被动的客体进行塑造。这种自觉的能动性体现

了人最本质的属性，其能够转化出巨大的创造力量，促使人类社会不断地进步、发展。因此，在人的知觉能动性方面，教育的责任重大。

2. 教育：通过文化传承促进人和社会的发展

教育是培养人的活动，是传承社会科学技术与文化、传递社会生产经验和生活经验的基本途径。教育者根据一定的社会要求，有目的、有计划、有组织地对受教育者开展学校教育，进而对受教育者的身心产生影响，同时期待他们产生某些积极（有效）变化的活动。

从词源上看，"教育"受到了"自上而下""上行下效"的影响，进而使人类文化得以保存和延续，使个人得以教化和成长。汉代学者许慎在《说文解字》中注解说："教，上所施，下所效也，育，养子使作善也。"联合使用"教"与"育"二字，可以理解为上对下、成人对儿童的影响，影响的目的明确，就是使受教育者成器、成善、成人。

从起源上看，原始社会的教育起源，是年长一代在劳动和生活过程中向年幼一代传递社会经验或施加社会化。整体上，教育起源于生产劳动需要，社会生产、生活需要，人类自身发展的需要，人与人之间交往的需要，上述的各项需要反映出通过文化传承和发展，教育对人和社会的发展起到了促进作用。

从教育的目的上看，教育是对人性教养、社会和谐发展起到促进作用的活动。例如，孔子提出教育的目的是培养具有"仁"德的君子，或全面修养的"成人"；孟子提出，教育在于"尽性"或发展本性，在个人方面为存心和立命，在社会方面为亲亲和仁民；荀子认为，教育在于"化性起伪"，使人初为士，次为君子，最后为圣人。《大学》中教育在于明明德，在亲民，在止于至善。具体途径有格物、致知、诚意、正心、修身、齐家、治国、平天下。

从文化人类学的角度看，教育是人类所特有的文化行为。教育的基本任务在于将人性引入社会文化体系之中，通过文化传递、文化体验，培养具有文化素养，并能创造文化价值的个体，促进文化生命个体的生成。

3. 教育：通过文化创新促进人和社会的发展

受教育者经过教育者的引导，形成双向的互动和交往行为，这种双向的互动行为即教育活动。教育活动实施后，一方面，对人在文化中的不断提升与发展起到促进作用，使人在文化活动中自我创造和自主提升；另一方面，教育活动的开展使人主动地影响、改造、建构新文化，新的文化不断被创造，进而形成了良性的循环，促使人不断全面发展，文化不断积累。

在传统社会形态里，过去和现在是教育的立足点，通过教育使一定的社会文化得到保存和延续，经过文化传承，促使人和社会的发展。而现在社会的形态中，教育的立足点主要是针对现在和未来，主要功能是发展和创造一定的社会文化，通过文化创新促进社会和人的发展。

（二）高等教育的性质

高等教育的性质是指其在与其他类型的教育比较中，所表现出来的特殊性，不仅反映出教育的一般特性和本质特点，还具备了自身的相对独立性。

1. 高等教育的高级特性

高等教育在两个方面表现出了高级特性：其一，高等教育的建立基础是在初、中等教育上，目的是培养高级专门人才；其二，接受高等教育的人的年龄多超过 18 周岁，与中小学生相比，这类人的发展处在一个更高级的发展阶段。

此外，教师和学生具有教育和自我教育的主体性体现出高等教育的高级特性。大学也是一种学校，但是一种特殊的学校。学生在大学里不仅要学习知识，而且要从教师的指导中学习研究事物的态度，培养影响其一生的科学思维方式。大学生要具有自我负责的观念，并带有批判精神从事学习，因而拥有学习的自由；而大学教师则是以传播科学真理为己任，因此他们有教学的自由。

2. 高等教育的专业特性

高等教育是建立在中等教育基础上的各种专业教育。在类型上，分为专科生、本科生和研究生。在性质上，高等教育是一种专业教育，根据专业分工培养高级专门人才。

专门人才的类型种类繁多，有学术型、研究型、应用型、技术型等，而且作为一种专业性强的教育方式，不仅有学术性专业教育，也有职业性专业教育。根据现代社会发展对人才需求的变化，高等教育的专业性、专门性不是绝对的，而是相对的。因此，在教育中提倡培养高级的专业性人才，培养综合性、复合型人才，从而满足社会对人才多元化、丰富性的需求。

接受过高等教育的人具有一定的专业修养和技术特长，大学的教育最基本的是培养多种专业性强的人才，如教师、医生、工程师、法官与律师、科学家、经济师等。哲学家怀特海曾经说过："我确信在教育中，若不专精，则摧毁了生命。"但是还有另一个观点，就是人过度的专精时，一样会摧毁生命。因为生命的本质是和谐、丰富多彩的，而生命的敌人是单向或片面的发展。

3. 高等教育的学术特性

大学教育以思想自由为基本原则。大学不仅传授知识，而且还需要不断地创造新知识。对于一个大学或者任何一个以创新知识为目的的组织来说，学术自由是非常重要的，伟大的思想源于自由的探索。大学有四项任务，第一是研究、教学和专业知识课程，第二是教育与培养，第三是生命的精神交往，第四是学术。

大学的存在融合了年长者与年少者，从事创造性学习和研究，结合经验与想象，谋求知识与生命之间充满热情的对话与融合。自由地思考是大学的要素之一，这也是人类能够摆脱自然束缚与人为束缚的基础，是社会文明进步中需要遵循的途径。高等学校在培养人才方面不仅需要"专业训练""培养公民意识和文化理解力"等，更加需要使受教育者具有"批判性的和公正的看法"。

4. 高等教育的公益性质

高等学校不是盈利性的机构，除了具有促进个人全面发展的性质，还具有社会公益性质。高等学校在两个方面表现出了公益性：其一，是在不同的社会组织机构中，高等学校对人类文明、文化、知识、科学技术等提供了最有力、最持久的保护和促进；其二，在社会生活中，高等学校以其特殊的地位和方式介入，并产生了影响，关注被忽视的社会公共领域，进而维护并促进了社会秩序的和平、公正和道义，对社会公共事业健康地发展起到了引导性。

5. 高等教育的主体性

教育除了具有相对的独立性外，还具有主体性、超越性。教育作为一种有目的的实践活动，它的内在就包含了超越性。因为一切实践活动的本质就是超越。高等教育是教育系统中的高级形态，一方面需要不断地适应、满足当前社会发展需求，另一方面要保持自身的相对独立性，通过一系列的研究与创造性的科学活动，引领社会不断向前发展。

大学是人掌握科学知识、追求客观真理的摇篮，学是社会之光芒，是精神之堡垒。因此，大学的发展不仅要与时俱进，还要引领社会前进，同时对各种干扰与诱惑进行抵制，大学要拒绝随波逐流。大学不仅承担了其特定社会职能的物理空间场所，还具备了自身应有的文化个性和精神品格，并且焕发出旺盛的创造活力。

所谓大学就是一切知识和科学、事实和原理、探索和发现、实验和思索的高级保护力量；它描绘出理智的疆域，并表明在那里对任何一边既不侵犯也不屈服。

高等教育的传承不仅是知识的传承，还有探索智慧的传承。大学对于人们来说是增长知识、开发潜能、提升德行、启迪智慧的场所。教育开展的目的就是使人具有活跃的智慧，而大学的目标是将孩子应具有的知识转变为成人的力量。

二、高等教育的任务

20 世纪 50 年代以来，随着现代科学技术的发展，以及生产力的持续提高，经济的不断增长，高等教育获得了快速发展，大学在社会的政治、经济、科技、文化等各个方面发挥出重要的作用。如果说 20 世纪 50 年代之前，发展科学与服务社会是少数国家高等教育的重要职能，那么，50 年代之后现代高等教育的职能包括了高级专门人才的培养、促进科学技术进步、服务社会发展等。

（一）培养高级专门人才

大学一产生，就具有了培养高级专门人才的基本职能。而大学的真正使命是培养素质优良的社会公民，促进社会的和谐发展。中世纪大学的办学模式一开始就具有一定的专业性，在人才培养上，主要注重的人才是社会所需的官吏、法官、牧师、医生等高级人才。所以，大学是最早开始培养高级专门人才的场所，这也是大学最基本的社会职能。而这项职能也是从中世纪大学到近现代大学培养高级专门人才的主要职能之一。随着社会的进步，现代大学在人才培养上，规模、类型、模式也不断发生着变化，正为社会上各行各业培养所需的专门人才。

作为启迪、开发、创新、涵养、解放人性的场所，大学对有理想、想作为的年轻人来说，是完成理想的最佳场所。在大学，你可以了解自然世界和社会世界；在大学，你可以了解自我及其精神世界；在大学，你可以发现自己的幼稚，找到战胜浅薄、实现人生目标的方法。对一切人文的或社会性的职业来说，大学教育奠定了两个基础，一是种下了未来一生中思考、求知的科学幼苗，二是在求知时会关注一切可知的对象。接受过高等教育的人不仅拥有知识，也更容易获得财富，而且还会过着有尊严、有教养、有个性的生活。

（二）推进科学技术发展

在科学技术的影响下，高等学校的职能发生了变化。18世纪工业革命开始后，生产技术问题更加复杂化，这就要求科学为生产提供理论和方法，因此，科学研究受到了社会的重视。在这种社会背景下，科技人才显得越来越重要，必须有专门的机构来培养人才，而大学正好成为人才培养，发展科学技术的重要机构。

首先，高等教育是科学知识、技术传承和创造的主要途径。从对科学技术创新产生的影响上看，高等教育作为科学知识、技术传承和创造的主要途径，能够继承科学技术，发展科学技术，进一步促使科学知识和科学技术不断地创新、发展。

科学知识和技术的再生产是相对于科学知识和技术的生产而言的。科学知识和技术的生产是创造新科学、新技术的直接过程，也是科学研究的过程。而科学知识和技术的再生产则是通过科学生产的主要产品，经过合理、有效的选择、组织和编排，传递给更多的人（尤其是年青一代），使更多的人掌握前人创造的科学成果，为新的科学知识和技术再生产打下基础。

其次，高等教育是发展科学知识和技术的重要手段。传递人类已有的科学知识和技术是教育的主要职能，这种职能在高等教育中表现明显。早期的中世纪大学是单纯的教学机构，1810年，德国的洪堡创办了柏林大学，提出了著名的"教学与科研相统一""通过科学研究促进教学"的原则。在洪堡创办的柏林大学影响下，"洪堡原则"快速地传播到西欧、美国、东欧、日本和中国，成为当前大学守则中的一条。

与19世纪初德国大学的科学研究相比，现代大学科学研究的出发点、范围与组织形式等方面均发生了显著的变化。在组织结构上，现代大学科学研究的最大变化是开展不同学校间的合作，学校与产业部门、社会科研机构的合作，建立各种各样的研究共同体、研发中心，通过承担国家和地方的重点科研课题，完成综合性的研究项目，从而使当前日益复杂、变化多端的社会、科学和技术问题得到解决。

（三）服务社会发展需要

高等学校服务社会发展需要的方式多种多样，路径广泛而全面。广义上认为服务社会发展需要的主要途径是为社会培养专门人才，促进科学技术发展。

高等学校除了为社会传授农业科技知识，也为社会提供卫生、经济、管理与教育等领域的问题咨询，这种形式成为高等学校与社会各个领域全面合作的开端，从此成为高等教育服务社会发展需要的一项重要职能。大学要充分发挥更多优势，直接为社会发展需要服务，特别在政治、经济、文化和科技活动中发挥积极作用。

在人类社会发展中，由农业社会到工业社会，再到当前信息社会，社会发展对人才培养、知识创新、文化传承的要求逐渐提高，因而对高等教育的需求也越来越强烈。

高等学校为社会直接服务，也符合自身发展需要。通过广泛的社会服务，有利于高等学校全面了解当前社会对人才、对科技的需求，从而能够针对社会的需求培养人才，确定科研选题；而且有利于高等学校教学中理论结合实际，充实、丰富教学内容，使教学水平、教学质量得到提升，进而使科研成果转化成商品的速度加快，使社会效益和经济效益最大化，形成良性循环，对高等学校的发展起到促进作用。

当前，高等教育服务范围广泛，遍及各个领域，如政治、经济、科技、卫生、文化等方面。服务对象不仅有政府部门，也有工厂、企业，甚至个人。高等学校社会服务的范围不断扩大，服务的形式种类繁多，其中主要的服务形式有：科技成果转让、技术咨询等科技服务；利用高校数据库、图书资料等为社会服务的信息服务；将高校精良的装备，如仪器设备、实验室、测试中心、电教中心、计算中心等向社会开放的装备服务。总之，高校服务社会的途径和方法包括了教育推广、人力培训、决策咨询、技术转让等多种形式。

三、高职图书馆的职能

图书馆的职能是指图书馆在社会中发挥的功能，在图书馆职能分类上，有学者将图书馆的职能分为基本职能和社会职能。所谓的基本职能是图书馆的基础性作用，这是图书馆存在的基础。所谓的社会职能是随着社会的变迁，图书馆发挥出来的不同作用。作为图书馆的一个分支，高职图书馆与其他类型图书馆一样，本身也具有基本职能和社会职能。

（一）基本职能：保存和收集信息文献资料

在基本职能上，高职图书馆与图书馆是一样的。在图书馆的发展过程中，图书馆基本功能贯穿始终，即使社会不断发展，也不会发生改变。图书馆一方面保存文化，一方面使文化发扬光大，传播知识，使文化知识能够传播到各地，为社会文化的发展服务。要履行保存文化的功能，图书馆需要保存好前人留下的珍贵文献材料，保存过程包括文献资料的收集、整理、加工、组织、管理；图书馆要更好将传承文化的功能发挥出来，则需要利用已经收集、整理、加工和组织的文献信息，通过借阅、复制、检查、咨询等方式，传播给社会。

（二）社会职能：服务教育文化，传播知识

图书馆的功能和图书馆的职能既有一致性，也有区别。图书馆的社会职能是在一定的社会环境中，图书馆所发挥的作用。而图书馆的功能是指图书馆在社会中必须承担的责任和承担某些工作的能力。图书馆功能体现在环境中，若图书馆不能发挥自有的功能，那么对于图书馆的职能则无从谈起。因此，图书馆功能的存在是结论性的存在，这种社会功能存在社会现实中。简单地讲，图书馆的功能是理论上的探讨，而社会功能是从实践层面的研究。因此，对图书馆这一文化机构的社会责任和义务的探讨，指的是"图书馆职能"。

图书馆的社会职能从古至今不断地发生着变化。图书馆在古代的社会职能仅是收藏图书，而随着图书资料形式的增多，不同类型的文献资料被收纳，图书馆对这些资料进行分类和整理。工业革命以后，机器取代了手工成为社会的主要生产力，也要求人们不断提高自身的知识文化水平。为满足人们的需求，

图书馆开始向社会开放，且成为人们学习的主要场所。因此，教育成为图书馆的社会职能。随着现代社会技术的发展，信息内容日益丰富，传递速度快，存储量不断增大，相对于传统图书馆，现在的图书馆在信息存储量、文献信息传递方式等方面发生了天翻地覆的变化，更多的信息服务方式，更多的读者都能够从图书馆获取到知识信息，图书馆成了新时代的信息集中地和传播中心，发挥着重要职能。探究发现，随着社会的发展，图书馆的社会职能也不断地发生着变化。

图书馆应当发挥的功能可以归纳为六个方面，分别是知识功能、信息功能、文化功能、教育功能、休闲功能和社区功能。在发掘图书馆的功能方面，图书馆具有保存人类信息资源、开发智力资源、情报信息服务、信息咨询、促进社会和谐等社会功能；图书馆应具备信息与知识的资源功能、文化功能、社会教育功能等。综上所述，图书馆的社会职能，是在长期的社会发展中传承下来的传统职能。随着社会的发展，当今的图书馆职能也发生了一些变化，图书馆的社会职能内容不断增加，如图书馆的导向性功能、创造需求功能、享受性功能和消费性功能。但不管社会怎样发展，图书馆功能怎样增加，图书馆的一些职能作为基本职能，是不会发生改变的，并且稳定性强。通过总结分析，图书馆具有以下几个社会职能。

1. 教育职能

我国图书馆于周代起源，开始仅是收藏文献资料，主要起到保存文化的作用。但随着图书馆事业的发展，它的社会职能逐步从单纯的保存文化，向保存和传播文化方面发展。因此，图书馆的教育职能逐渐受到了政府和知识界的重视。我国古代的图书馆具有教育职能，但因其公共服务的范围小，进而降低了社会职能的明显性。工业革命以后，生产力的发展对工人的文化素质要求越来越高，科学技术日新月异，工人只有学习先进的技术才能跟上时代发展的步伐，在此情况下，图书馆成为重要的社会教育机构。高职教育的必要组成部分中，图书馆是其中之一，服务教学科研是其目的，因此，教育职能是图书馆的社会职能。高职图书馆教育职能中，主要涵盖两方面：首先，图书馆有丰富的纸质图书馆馆藏以及电子数据资源，更新速度快，学生通过图书馆可以获取最新最全的科学文化知识，这种开放性的学习方式能够培养学生的自学能力和创新意识，增加新知识的同时提升自我学习能力；其次，图书馆一般都拥有较大的场地和优越的学习环境，这种条件为学生的学习提供了良好的场所和积极向上的学习氛围。随着科学技术的发展，图书馆在文献信息的积累方式、积累量及服务读者方面，均发生了很大的改变。在教育职能的发挥方面，图书馆是以知识内容为中心，采用多种方式为社会公众提供便捷的服务，使图书馆成为社会发展中不能缺少的一部分。

2. 服务职能

高职图书馆的服务性决定了在社会实践中图书馆承担着为自身和社会教育服务的社会职能。作为高职教学科研的组成部分，图书馆的文献信息服务是基础性工作，体现的是其他社会职能；另一方面图书馆的学术研究是为日常教学和科研服务。在前面已经比较详细地阐述了这个方面的内容。目前高职图书馆为社会提供信息服务是符合信息社会发展需求的。而且，在向社会提供服务方面，高职图书馆有着得天独厚的优势，主要表现在以下几个方面。

（1）文献资源优势

高职图书馆除了拥有大量的纸质文献资料，还拥有大量电子信息资源。这些资源涉及范围广，不仅有历史上的优秀文化成果和现代科学技术，还有很多交叉学科成就。我国的高等院校每年都会投入一定的经费购买最新的纸质图书、电子文献资料等，高职图书馆拥有其他社会图书馆不具备的优势。

（2）人才资源优势

除了拥有大量的文献信息资源，高职图书馆还拥有素质高、经验丰富的人才，这些人才具有图书馆专业加识，又具备信息开发技术，恰好是一般社会图书馆所缺乏的复合型人才。这些人才具有信息收集、加工、处理能力，除了能够担当校内的信息服务工作，同时也能承担社会的服务工作。图书馆的服务人员多具有较高的科学文化知识水平，能够快速接受最新的知识信息，而且，学术交流活动、知识培训会议较多，图书馆管理员能够定期或不定期地进行学习，提高自己的知识和业务水平。

（3）技术资源优势

读者对图书馆的技术水平要求较高，而且图书馆有经费保障，因而计算机、远程 VPN 技术、信息数字化技术、声像技术等已经是图书馆的常见技术。这对高职图书馆信息资源的利用和开发起到了促进作用。因此，提高了图书馆的信息咨询、资源利用、远程文献传递服务能力。同时，拥有很多懂技术、有知识的工作人员，能够开展一些业内学习交流，提高了图书馆管理水平和技术水平，为图书馆的技术更新提供了保证，使图书馆占有了技术资源优势。

3. 文化传播职能

早期文献收藏是图书馆产生的起源，随着时间的流逝、社会的变革，逐渐演化为文献资料的收藏和知识的传播。因此，知识的传播也是图书馆的重要社会职能之一。收藏是图书馆的基础，收藏人类一切优秀文化成果，对这些文化成果进行分类、整理、保存和利用，这种几千年来形成的专业化操作方式使得图书馆在传播知识方面，具有任何机构无法超越的优势，主要体现在四个方面：第一，丰富的文化底蕴和馆藏文献资源；第二，规范化的整理和方便快捷的使用方式，能够使知识信息得到快速而广泛传播；第三，专业化的图书馆服务人员，他们通过先进的技术手段，传播文化信息知识，方便读者；第四，图书馆具有广泛的社会认知性和高度的社会公信力。图书馆传播的知识信息，得到了社会上的广泛认可并接受。通过科学文化知识的传播和普及，对社会的进步起到了推动的作用。在传播知识信息的过程中，高职图书馆主要发挥两方面作用：一是图书馆在收集、整理和服务读者的过程中，形成了自身的文化特色，图书馆成为学校的一道独特风景线；二是图书馆汇集了大量的科学文献成果，是组织利用科学文献的重要基地。通过对这些科学文献的传播，图书馆促进了科学技术进步和社会发展，同时，这种传播也有利于更多的科学工作者在此基础上进行创新，产生新的科研成果，更好地为高职教学和科研工作提供服务。

4. 休闲职能

社会经济不断发展，人民生活水平不断提高，闲暇时间也越来越多，对休闲的需求已经成为人们现实生活的需要。休闲并不仅仅指的是娱乐，其最高境界是提高人的心情舒畅度和精神愉悦性，使人在心灵中经历审美、道德、创造、超越的生活方式，给人们一种文化底蕴，支撑人们的精神。因此，在一定程度上认为休闲本身是一种文化，是人们内在、自觉的观念和生活方式；是一种感受、一种体验和一种觉悟；人文性、社会性、创造性较高，使人的情感、理智、意志、价值观和思维方式在心灵的自由中、精神的愉悦中得到升华。因为图书馆是信息、知识的集散地，所以，图书馆内的社会环境优雅、情调高雅、气氛闲适。这种环境中，读者能够感受到学习的轻松。适当放松、休闲的学习环境，使图书馆在为读者提供优质的休闲服务过程中产生了亲和力和吸引力，从而使得读者愿意在闲暇时间走进图书馆，进而使图书馆的职能性得到了充分的发挥。同时，图书馆向读者传递科学文化知识，使读者身心得到放松，得到充分的休息，陶冶读者的情操，增加读者德、智、文的修养，进而有利于将潜力充分地发挥出来，促进科学文化的创造。

第二章　高职校园文化建设概览

第一节　高职教育的类型特点

一、类型特点

从历史的发展看，大学经历了从知识传播、学术研究、社会服务和文化引领的演变，承担着人才培养、科学研究、社会服务、文化传承四大任务。随着高等教育结构体系的不断丰富和稳步向前，随着新型工业化的推进和科学技术的发展，中国高等职业教育应运而生，异军突起。新的战略定位，使其在国家人才培养体系中发挥着越来越重要的作用；新的价值追求，又使它在大学化进程中迅速蜕变、崛起，走上了可持续发展的道路；它新的培养目标，立足于服务区域经济，从而为国家培养了一大批高素质、高技能人才。它有为、有位的价值追求，与时俱进的进取精神，独特的育人模式和多元包容的文化特色，形成了独一无二的类型化特点：

①引领劳动光荣、技能宝贵、创造伟大的时代风尚；

②以服务发展为宗旨的办学方针；

③产教融合的教育理念；

④培养高素质劳动者和技术技能人才的育人目标；

⑤校企合作、工学结合、顶岗实习、知行合一的人才培养模式；

⑥专业性与职业性融合的课程体系；

⑦教学做一体化，学以致用、用以促学、学用相长的教学模式；

⑧政府引导、行业企业深度参与，政行企校对接融合的发展平台；

⑨双师素质及双师教学团队建设。

二、文化自信

通常意义的文化是指狭义的文化，属社会意识形态，即人们在生存和发展中形成的并通过各种活动表现和传承的价值观念、优秀传统、行为方式、知识体系、规章制度、语言符号、风俗习惯。

高等职业教育具有独特的教育类型特点，也具有别具一格的类型文化形态。围绕面向现代化、面向世界、面向未来、科学的、大众的社会主义文化方向，高等职业教育坚持类型化的文化发展之路，主动适应经济社会新常态，在文化变革中勇于探索，以一往无前的创新，形成了兼具教育特征和行业企业特色的文化形态。这种形态，不是一种静态的文化现象，而是一种动态的文化变革。高职特色鲜明、充满活力的文化类型，必将成为昂扬职教人文化自信的不竭动力。

（一）从精神文化视角看

高职校园文化具有独特的价值体系和价值追求，应坚持立德树人为根本，培养和践行社会主义核心价值观，坚持产教融合的职教理念，牢固树立增强本领、服务群众、奉献社会的职业理想，重视培养崇尚劳动、敬业守信、创新务实的职业精神，自觉将爱岗敬业、精益求精、执着坚毅等职业品格，融入学院发展的顶层设计和思想文化建设中，以弘扬中华优秀传统文化和现代工业文明为己任，形成以德为先、追求技艺、重视传承的优良传统。

（二）从制度文化视角看

应以制度建设为保障，通过知行合一的行为文化建设，坚持内涵发展道路，立足于关注学生职业生涯和可持续发展需要，建章立制。在宏观层面，从针对性、规范性、可操作性、可持续性角度，国家陆续出台了一系列关于加快发展现代职业教育的相关文件和政策，这也是校园文化建设的根本准绳。在微观层面，从大学化进程中，高职院校自身的制度建设正在有序推进，规范化建设取得了长足进步。如将文化建设融入学院发展规划、人才培养方案、校园环境建设等就有了制度性保障。例如：围绕立德树人、提升素养的特色文化建设就能做到内涵丰富、多姿多彩；围绕基于工作过程的行动导向，通过任务驱动、项目导向、案例解剖、仿真实习的课程文化建设就会有声有色。

（三）从物质文化视角看

应始终坚持具有职教特色的物质文化建设，这样融合产业行业文化的校园环境就别显风采。例如：实训中心、实训基地（室）坐落于静谧的校园，可传达工业文化的阳刚气息和规整的空间品质。它独特的视觉传达，由内至外地散发着的职业文化气息，都无声地影响着学子们的价值取向以及对职业的认同。

因此，高等职业教育作为促进全体劳动者可持续职业发展的教育类型，其独特的文化价值体系是基于它特殊的历史文化渊源和广泛的现实基础，基于它国家使命的担当。当劳动托举中国梦成为高职人共同的价值追求时，为国家培养高素质技术技能型人才的责任，会使他们在文化的传承、传播和创新中，以更加自觉和自信的文化态度，去探索一条独特的类型文化建设之路。

三、高职校园文化的思考

校园文化是社会意识形态的反映，它带着强烈的学校教育意志，是学校在长期的育人实践中形成的稳定价值取向。因此，从文化的功能看，以文化人，既是价值观，又是方法论，二者在思想内容方面具有内在的逻辑联系。高职校园文化建设作为一项系统工程，涉及理念、思路、模式、方法等诸多因素。正如写文章一样，谋篇布局时，必须围绕提出问题、分析问题、解决问题的思路结构原则，处理好立意与选材、思路与结构的关系，讲究立意高远，思路清晰，结构合理，选材典型。文化建设亦然，高屋建瓴、确定理念是关键，理清思路、统筹谋划是前提，形成模式、整体推进是重点，确定方法、有效开展是保障。

（一）理念

从校园文化建设的逻辑起点看，理念须先行是先导。好比写文章，要使文思畅通，关键在立意。从文化建设自身看，理念是文化建设的思想，是文化发展的方向，是文化推进的根据。理念的高远决定着文化建设的高度和持续推进的深度。从职业教育育人功能看，高职教育发展的最高境界是走向文化自觉。将文化作为高职院校发展的内核，确定"以文化人"的建设理念，由此制定自上而下的文化建设规划，是文化建设的立足点和发展方向。

（二）思路

思路决定出路，它是文化建设的思考线索或发展脉络，是按照文化建设的逻辑，围绕文化内部规律和建设方向，找出其必备的若干要素，并掌握这些要素的内在联系所形成的脉络，是有条理、有秩序、有步骤地组织推进的思维过程，朱自清先生曾将思路比作文脉。

好的思路具有纲举目张的作用。"纲"指的是文化建设的理念，具体是指价值观；"目"是指文化内涵的各主要环节。在此前提下，开阔视野，研判高职文化的现状，找到差距，理清思路，必须紧紧抓住思想、脉络、结构三个关键要素，如此方能实现提纲挈领的目的——思想即是文化建设的理念，脉络是文化建设的路径，结构布局则形成了思路实现的骨架。构建精神、制度、物质三位一体的校园文化体系建设思路具有如下的共性：

一是新常态下的高职校园文化建设，将面临新的挑战和新的机遇。国家对意识形态领域空前重视，已将文化软实力建设上升到国家战略高度。加快发展现代职业教育成为与新型工业化、信息化、城镇化、农业现代化建设同步发展的制度性安排，这给职业教育的育人质量和育人规格提出新要求。因此，思考文化的发展，必须在构建的初始阶段里，就理清文化发展的头绪和条理，找准贯穿的红线，确定好科学的路径，搭建好建设的载体，这样之后方能有条不紊地开展文化建设。

二是从教育综合改革背景出发，要求高职校园文化建设必须具有更广阔的视野。从政策层面看，政府职能转变所释放的信号，即由政府主导变为政府引领、规范、督导时，在向市场寻求资源的过程中，高职院校自身必须在文化思路上有清醒的认识，主动找好产教融合的结合点，在文化对接上，通过产业文化进教育、企业文化进校园、职业文化进课堂，将产业、行业、企业、职业文化有机融入校园文化，形成共同的文化语境和利益交集，实现互利双赢。

三是正确处理好文化活动和课程文化建设的关系，坚持以丰富的文化活动为基础，以课程文化建设为关键，针对学生人文素养缺乏的现象，强化通用能力培养。在思路上，要把优化课程结构作为文化建设的重要环节，抓住课程这个文化内涵建设的关键，处理好提升素养与培育技能的关系在课程开发中，坚持以高度的文化自觉，重视公共基础课在学生文化素养养成中不可或缺的功能。通过文化通识教育，形成学生以职业素养为核心的可持续职业发展能力。

四是高职教育超常规发展，成效有目共睹，其类型化特点已基本形成。但文化建设缺乏有深度的理论研究，一些看似轰轰烈烈的文化活动，大多只停留于外在的形式，有的甚至形式大于内容，而未触及思想、课程等核心文化。基于此，遵循文化建设的发展脉络，高职人仍须在传承与创新的文化实践中，以理清思路为重要抓手，不断探索，总结经验，积极应对在体制机制创新中产生的文化变革，为高职校园文化建设实践提供有深度的理论成果和智力支持。

（三）模式

模式指文化建设的标准形式或使他人可以参照的标准样式。它是文化实践的高度概括和理性思考中抽象出来的普遍规律，具有可操作性和推广价值。从这个角度看，模式是研究的范例，也是指导开展系列活动的方法。模式建设，其实质是根据国家要求以及学院需求的有关文化建设格局的规划。从外在形态看，它关乎结构或布局，注重各组成部分搭配与排列是否科学、条理是否分明，讲究谋篇布局。从内在逻辑看，它涉及方向、维度、内涵等要素的确定、搭建、选择，需要运筹帷幄。因此，模式构建必须注重思想的条理，并一以贯之；重视维度的确定，多管齐下，实行立体化推进；强化内涵和载体的优质性，既要承载青春的纯正品质，又要能引起广大学生的心音共鸣。

（四）方法

"取法其上，仅得其中；取法其中，仅得其下"，这是方法的辩证法。爱因斯坦曾说：成功＝艰苦的劳动＋正确的方法＋少说废话。这是讲方法的重要性。如果要将以文化人作为方法论，制订校园文化建设的整体规划，强化校园文化的价值功能，那么就需要内涵的支撑和技术品质的保障。

1. 寻找依据，理论支撑

校园文化犹如万花筒，缤纷多彩，内容丰富，必须坚持正确方向，提炼价值内涵。坚持以科学理论为引领，构建文化建设体系，自觉引入其他学科领域的理论研究，从不同视角指导校园文化建设应成为工作开展的重要切入点。

2. 循序渐进，久久为功

文化建设是一个"化成"的过程，必须按照一定的步骤逐渐深入地展开。在时间上，有循序推移中文化的熏陶，以量的积累实现质的变化。在空间转移里，不同文化载体的共振所形成的活力，实现着多维育人的目标。久久为功是指在渐进的过程中，用文化的博大，通过浸润的方式，以润物无声的力量，锲而不舍、持之以恒，在潜移默化中提升学生的综合素养。

3. 因地制宜，突出特色

将校园文化的本土化纳入方法范畴，是属于技巧的问题。应以融入地方文化特色作为切入点，通过巧思，将地域的价值取向、风俗习惯、审美追求、人文环境等，导入高职校园文化建设，以保证它的鲜活和接地气。独特的文化土壤中生长的本土文化，一定会给高职学院打上别具一格的精神印记，使之逐步形成高职教育独具魅力的文化品格。

第二节　高职校园文化的特点与原则

一、基本特点

高职教育作为优秀文化传承的重要载体和思想文化创新的重要阵地，其文化具有一套独立的价值体系，承担着涵养师生人文情怀和塑造师生集体人格的重任。它特有的职业教育理念和人才培养模式，在长期的职教实践中，逐步形成了高职校园文化稳定的基本特征，这也是高职校园文化的独特性格。

（一）先进引领性

中国共产党是优秀传统文化的传承者，更是刚健清新的先进文化的创造者。它倡导的社会主义先进文化，是高职院校思想工作的灵魂；它弘扬的社会主义核心价值观，作为社会主义先进文化的精髓，是我们共同的思想道德基础。高职校园坚持用先进文化为学生精神成长导航，以春风化雨的温暖，陶冶学生的情感，引领意志、态度和价值观，使其内化为理想信念和道德情操的坚守，外化为对中外优秀文化传承的自信和自觉，践行和守护崇高的梦想，以实现对理想人格的塑造。

（二）集成开放性

鲜明的跨界性、开放性是高职文化的重要特征。集政行企校不同领域的文化于一体，既有职业特色，又有行业气息，更有学校教育品性。通过政行企校的互动和融合，围绕育人目标和员工认同的价值观，将学校教育文化与行业企业文化有机统一，培养学生的信念、价值、责任和原则，是一种开放且集大成的文化。其政府引领、市场引导、产教融合、校企合作、工学结合的开门办学的特点，决定了职业教育必须围绕技术进步、生产方式变革、社会公共服务等政策要求和社会经济发展的导向，融合产业发展、行业要求、企业需求，培养学生良好的从业态度和劳动技能，其文化背景更为广博，文化的共振性合力和集成性特点更为鲜明。

（三）传承传播性

传承先进文化是高职院校的基本功能，通过对浩如烟海的物质文化和精神文化的学习、借鉴、取舍，积极掌握前人积累的文化成果，扬弃旧义、创立新知。这种传承具有一脉相承的精神特征和思想意识，同时文化传播作为文化辐射的过程，让广大学生在甄别借鉴和传达分享中，推动优秀文化发扬光大，实现文化自觉。

（四）平等包容性

承担着培养数以亿计的高素质技术技能型劳动者的高等职业教育，其文化形态是一种大气包容的文化，具有海纳百川的情怀，秉承着"有教无类"的传统教育思想，遵从人人平等的公平正义精神，适应需求，面向大众，重视平等，为更多青年提供了优质的教育资源和学习机会，为他们实现人生梦想提供了更加公平而多样的发展平台。

（五）审美移情性

校园文化从精神、制度、物质所传递的文化信息，所体现的大学美感特质，诸如精神的崇高庄严与和谐之美、制度的规范落实和严谨之美、环境的大气厚重和诗画之美，都承载着对大学生审美观的熏陶。通过对美的认知、感悟、欣赏，培养基于道德和价值的审美判断，提升青年一代对美的鉴赏品质，形成真实而审美的人生，是高职文化建设的使命；同时，校园的美感还体现着学院管理者所具有的人文修养。在建设情景交融、诗画一体的育人环境中，管理者所具有的审美设计和以物铭志、养心寄情的审美情怀，都能通过一草一木、一砖一瓦、一房一舍移情而境语隽永，让学生置身诗景，缘景明情，实现审美体验。

（六）地域独特性

历史是城市的根脉，高校是城市的标记，校园文化与地缘文化有着不解之缘。地域文化既是地方高职文化建设鲜活生动的源头活水，又是高职文化独具本土魅力的要素。因此，高职校园文化的形成、演进，其内外形态无不打上属地文化的烙印。一大批独具地方特色的红色文化、民俗文化和非物质文化，不仅丰富了校园文化的内涵，更在学习传承和践行中避免了高职校园文化同质化的倾向而异彩纷呈。

（七）渐进浸润性

学生在文化熏陶中成长，其思想品行因文化的感染在不知不觉地提升。按照循序渐进的原则，在以文化人的进程中，经由岁月积淀、内化修炼的素养，是通过量变的积累逐渐养成的，并伴随人们终生。从这个角度看，浸润具有建设方法和过程的双重属性。

（八）多维互动性

校园文化建设具有系统性和协同性，必须运用整体思维，使校园文化建设的规划设计，既自成体系又相对独立。宏观层面，以国家意志为准绳，引领方向；中观层面，科学规划校园文化建设，脉络清晰，规范严谨；微观层面，以系、班为建设主体，灵活多样，丰富生动。这种自上而下、自下而上的融合、呼应，形成了校园文化的有序、健康、和谐。

（九）多层统一性

校园文化的形态一直是在精神与物质的交融中创新完善，并呈现丰富多元的特性——有政行企校不同领域的特色文化交流，有院、系、班不同层次的文化展示，有校园文化与地方文化的互动融合，可谓波澜起伏、错落有致。统一性则指始终遵循主流文化的价值取向，任你多姿多彩，均需濡染社会主义核心价值底色。

（十）品牌保障性

在校园文化建设中，要牢固树立品牌意识。品牌的本质就是品质，是学院文化活动有的放矢的量身定制。经一代代学子传承创新的经典文化活动，一定融进了学院的深厚积淀和职业教育理念、地域文化特色，由此形成的品牌，要有相对的固化，以便形成传统，在传承有序中演绎，在与时俱进中创新。

二、基本原则

基本原则指开展工作所坚持的法则，是校园文化建设根据一定的观点、思想，从方法、内容、形式上应坚持的准则与规范。

（一）形神兼备，内外兼修

"神"指社会主义核心价值观这一灵魂，即将培育和践行社会主义核心价值观贯穿校园文化建设全过程，以确保校园文化发展坚定的方向。"形"指培育核心价值观的多样化形式，包括丰富的内容和多元的载体。内外兼修则指从顶层设计到构建校园文化建设基本框架，从环境文化建设到 VI 设计规范，从人才培养方案制订到课程建设、实习实训开展以及文化活动展示，都必须体现社会主义核心价值观的内化外显。

（二）理实一体，合力共育

遵循"实践—认识—再实践—再认识"的认知路径和现代职业教育的基本规律，坚持专业课理实一体化推进，实现学生职业技能和职业精神的高度融合；树立公共基础课职业化转型理念，围绕学生通用素养的提升，推动基于职业素养提升的公共基础课职业化转型在教学实践中的探索；按照标准化要求建设实训室和实训基地，提高学生实践操作能力；根植于学院文化建设实践，深入开展校园文化理论研究，指导文化实践向纵深推进。

（三）寓情于景，情景交融

自觉秉承"一切景语皆情语"的中华传统美学思想，深度挖掘校园文化的价值要素，立足于建设现代职业教育的时代要求，遵循开放式、立体化、以人为本的理念，坚持以形载神、情景交融的文化建设原则，着力打造具有诗情画意的校园文化工程，努力营造清新质朴、健康向上的文化氛围，实现环境育人的目标定位。

（四）多维互动，收放自如

多维互动是指文化建设主体自上而下、自下而上的相互呼应，究其实，是文化推动的一种组织形式。围绕国家文化建设的制度设计，构建校园文化建设体系，通过多维互动的校园文化建设平台，在指导系（班）按照学院文化建设规划开展的文化系列活动中，必须始终牢牢把握意识形态的话语权，使校园文化既有高度的主流声音，又富有特色与个性。收放自如是指从客观上对整个文化建设的掌控和驾驭。通过正确处理放与收的关系，使校园文化形态既有统一意志，又百花齐放、多元包容，在自觉遵守主流文化的价值底线中，传递健康、和谐、文明的正能量。

第三节　地方高职校园文化建设的价值向度

所谓向度是指一种视角，是判断、评价和确定一个事物的多方位、多角度、多层次的概念，是有关模式构建的理论。

文化的内涵博大精深，属于马克思论述的精神生产力，它是政治、经济、社会、生态在内的文明建设的灵魂，在我国称为文化软实力。

作为优秀文化的集聚地、先进文化的传播地、精神文明建设主阵地的高职校园，其文化形态也是意识形态领域里社会思想文化和校园精神生活的具体化，是在职业教育的生动实践中形成的一种独特的行业文化。它的文化发展与建设，同样需要选择好正确的坐标与科学的路径，多管齐下，坚持文化建设理念的高度，亮明社会主义核心价值的底色，确保正确的文化建设方向；坚持校园文化建设布局上的立体化维度，既有精神、制度、物质的三位一体，又有多维、多层、多点的格局，以展示校园文化的丰富多彩；坚持文化内涵的广度和深度，传播正能量，弘扬真善美，如此方能确保校园文化的高洁品质。

一、校园文化建设的价值主线

文化建设的核心是价值观建设，文而化之的实质是思想道德教育养成的过程。当把文化作为德育的一种方法、途径和手段时，丰富的文化资源便承担了引领和教化的作用，让文化走进心灵，走进精神，融入生命，让国家的价值取向成为师生践行不惑的价值认同，更能体现思想文化润德育人的重要作用。

社会主义核心价值观作为文化的思想结晶，是高职校园文化建设的内核和精髓，是学院顶层设计的灵魂，是一切工作的生命线。它既支撑着宏观的机制体制创新改革，又融入人才培养方案、课程建设标准和环境文化的建设。古人说：木受绳则直，金就砺则利。正确的价值引领，不仅能点亮学生心中最亮的明灯，更能为他们成长成才提供源源不断的动力，指引他们在人生之路的上下求索中勇往直前。因此，明大德、守公德、严私德，三德互动、共振育人，是大学教书育人工作的底色，贯穿于综合素养和职业精神培育的全过程。

按照分类指导的原则，结合国家对职业教育的大力倡导和高职学生的实际情况，找准他们思想的共鸣点，自觉将学院精神、校园风貌、职教实践建成涵养核心价值观的载体，打造清新自然、活力绽放的校园文化建设生态，在技能、情感和价值观上促进学生全面发展，知荣明理；在个人立场坚守上，旗帜鲜明，形成自觉奉行核心价值观的文化共识和价值共识，实现文化润内、养德固本的目标。

核心价值观是文化的承重墙，是决定文化性质和方向的深层次要素。核心价值观之所以重要，是因为它是文化的酵母，是被一个共同体系集体认同的价值观念，是凝聚一个族群的精神纽带。它内存于心，外显于行，为人类提供精神支撑，为族群提供价值共识，为国家确定文化方位。

二、校园文化建设的基本维度

从架构上看，多维文化是高职校园文化建设的立体化支撑，它是校园文化蓝图的筋骨。遵循思路开阔，严密细致，层次分明的原则，精神文化总揽全局，亮出思想底色；制度文化建章立制，实现知行合一；物质文化荷载真善美，释放正能量。纵向上，通过对历史的探幽，把握前车后辙的一脉相承；横向上，通过对现实的研判，慎思之，明辨之，实现开阔学生人文视野，培养价值判断力，形成正确价值观的目的。

精神文化指拥有的思想观念、价值体系、文化品牌等精神形态，是学校发展建设的灵魂，是校园文化建设的核心。它指引着高职院校的办学方向，是专业建设和制订人才培养方案的灵魂。它根据办学者的要求和主张，从理论认知到实践探索，以主流价值观为内核，引领受教育者树立正确的价值取向，培养健康的政治道德品质。

制度文化是指一定价值观指导下并要求全体师生共同遵守的行为规则和办事规程，是文化实践的重要遵循，是学院在长期的育人实践中形成的机制性保障，它对学院开展的所有文化活动具有规范和引导的作用，是形成个体自律和文化自觉的前提保障。同时制度还是品牌的助推器，通过融合建设者的价值观，将抽象的文化意义与品牌的无形价值有机统一，从而形成学院的文化软实力。

物质文化则是一种显性文化，是育人者的价值取向和审美追求的一种物化设计。让环境成为学习园地，承载教育功能，充当潜在课堂，是物质文化建设的追寻。它是体现在校园每一个物质载体上的教育元素，强调实用性、艺术性、教育性。通过物化美景的熏陶和具有特定内涵的视觉传达——具有审美性的文化符号，构建出人与环境和谐相处的生态美景。

三、校园文化建设的主要内涵

校园文化软实力建设的主要内涵，是校园文化生机和活力的体现。根据职业教育的文化建设实践，从内容到形式，从广度到深度所体现的文化品牌，融思想性、教育性、职业性于一体。通过课程和活动的持续渗透，必将形成植入学生心灵深处的精神底蕴和文化力量。

（一）职教文化

职业教育文化决定着从业者的素养，代表着品牌的质量，关系着产业的可持续发展。其文化形态集质量文化、诚信文化、创新文化、责任文化、品牌文化、节俭文化、创业文化、环保文化于一体，是行业企业文化与高职校园文化的有机融合。职业教育以自己突出的比较优势，与时俱进，跨越发展，它的差异化、个性化发展的路径，避免了中国高等教育同质化发展趋向。在推进城乡一体化的背景下，通过营造崇尚技能，劳动光荣的氛围，向受教育者传授系统的产业、行业和企业文化，坚持工学交融，驱动学生自主发展；坚持校企共育，引领学生遵规守则的自觉；坚持学用对接，拓展学生服务社会和创新创造的能力，按照劳动者所需的正确的价值观和从业技能，培养学生遵纪守规、诚实守信、勇于创新、团结协作等高素质劳动者所必备的品质。

（二）传统文化

传统文化集历史文化、经典文化、思想文化、创新文化等文化形态，通过文化的积累、扬弃、传播，助推社会的文明进步。牢牢把握优秀传统文化的价值目标，让学生在对传统美德、优秀经典的学习礼敬中吸取先贤的智慧精华，感悟文明和文化的博大精深，充分发挥传统经典怡情养志、涵育文明的重要作用，加强对其思想价值的挖掘，讲仁爱，重民本，守诚信，崇正义，尚和合，求大同，引领学生领悟优秀传统文化精华，感悟优秀传统文化魅力，接受优秀传统文化洗礼。

（三）地域文化

地域文化集独特的红色精神文化和本土的民俗文化于一体，旨在通过有地方特色的红色文化、民俗文化，特别是非物质文化的学习传承，挖掘特色文化背后的故事，礼赞先民的勤劳和智慧，积淀相应的地方文化素养，增强认同感和归属感，实现依托地方、服务地方、贡献地方的办学定位。

第四节 高职校园文化的主要载体

校园文化是基于学生健康成长而打造的精神栖息地，它有质朴的信仰和追求，有品德的修炼与砥砺，有情感的培育和熏陶，有审美的提升和体验。因此，思想、方法和情志是校园文化建设的关键，载体则是高职文化建设的实现基础。世界范围内思想文化交流、交融、交锋形势下价值观较量的新态势，改革开放和发展社会主义市场经济条件下思想意识多元、多样、多变的新特点，促使高职教育必须在价值取向、道德观念和文化诉求趋于多元的新形势下，坚守文化方向，选择和培育优质载体，这是文化建设的重要基础。通过营造励志而又清新、诗意的文化氛围，将生生不息的青春力量与时代精神有机融合，专业建设与文化建设有机贯通，这是载体建设的关键。坚持主流性，加强对载体的判断和选择，要把其弘扬主旋律，传播正能量作为重要的价值标准。载体所演绎的文化，要能紧扣时代脉搏，与青春同行，展示最火热的时代生活和最蓬勃的青春岁月。坚持丰富性，从环境建设、课程建设、实习实训、文化活动等多管齐下，培养学生的辩证思维，提高他们的价值判断。坚持针对性，不放弃个性追求，必须找准高职学生思想的共鸣点和关注点，了解他们所思、所想、所为，有的放矢，搭建学生喜闻乐见的建设载体，通过自由、开放、融合的平台展示，通过生动而丰富、多彩而具有教化的系列活动，让学生感受高职校园文化的独特魅力。

一、校园环境感知文化——感同身受，渐入佳境

优美的环境可说是学生进入校园后感受到的一种最直接的视觉艺术，它影响着其最初对大学的认识，能对学生产生持续的审美影响。世间很少有事物能比大学更美。校园的一草一木、一砖一瓦，都融入了教育者的情怀。学生进入大学得到的第一文化感受与熏陶就是这所大学的校园环境。校园环境作为大学校园物质文化建设的主要载体，具有明丽、欢愉、轻灵、质朴、温暖的美感，这种有厚度、有质感的自然之美和人文之美，直观地反映了这所大学的文化氛围、文化品位、文化特色与文化风格上，因此它对在校大学生的成长与教育起着不可替代的作用。

二、课程教育培育文化——春风化雨，涵泳文化

课程是校园文化建设的主阵地，是知识、技能、情感培养和传递的主战场，坚持文道统一，坚持专业文化课与公共文化基础课共融，坚持文化素养提升与职业能力培养一体化推进，是课程文化建设的重点。

（一）公共基础课与通识教育

公共基础课属于学科体系，对于培养学生良好的品格和高尚的审美意识，以及树立正确的健康观念具有重要的作用，它固有的学科文化和学科德育是综合素养培育的重要内容。通过人文社会科学等公共课的传授，在历史学科、大

学语文、音体美等课程的学习中，实现政史的塑魂、文学的悟道、艺术的审美、音乐的怡情、体育的弘毅、教心的养性，用人文精神濡染学生的心灵，最终使这形成影响其一生并适应岗位迁移需要的通用素养。

公共基础课的育人作用与专业文化的学习既有相同的目标，又有不同的侧重，它更关注学生个体成长所应具备的健全人格、思维品质、文化修养、审美情趣。它重在让学生在对优秀文化的学习和积累中进行人生意义的思考，对真善美、假丑恶进行评判与辨别，对自然予以关注与敬畏，对人类及自身予以审视与关爱，并在思辨中切问、近思，实现人文素养提升与道德践行的统一。

（二）专业课程与文化建设

专业课程是学生技能形成的坚实基础，其丰富的专业文化元素更是学生职业价值观形成的重要内容。专业文化是一种在专业学习中进行的有关职业精神、职业规范、职业情感，以及劳动价值观培养和传播，行业企业文化的学习和体验的文化。它坚守自己的育人原则，以培养学生敬业、奉献、自律、坚忍、安全、环保等素养为己任，具有一套独立的育人体系，并与学科文化相辅相成。因此，通过挖掘专业背后的文化价值，寻找专业与人文的相通相承，从它特有的科学知识体系中，寻找培养专业精神的源头活水，是专业课程文化建设的关键。在劳动光荣、技能宝贵、创造伟大的时代风尚引领下，专业课必须坚持工学结合、知行合一，努力培养产业所需人才，坚持把提高职业技能与培养专业精神高度融合，通过专业所蕴含的哲理思辨、价值追求、职业伦理，培养学生热爱科学，追求真理的求实态度，崇尚正义、服务大众的价值取向，敬业守信、精益求精的职业精神。

（三）教师与文化建设

教师是学校最重要的软实力，是传播文化的重要力量。教师对职业的敬畏，对技能的礼赞，对劳动的尊重，是育人树魂的基础，是其思想、修养、情感、学识、境界的体现。当他们以崇高的使命感和丰厚的专业素养启迪和"滴灌"学生的德智体美劳，教书育人的活力效应会更为明显。从教育自身的规律看，文化传播更强调教育者的责任意识，检验着育人者传道解惑的担当、素养智慧的底气、文道并举的慧心，教师的专业化发展是学院特色形成的重要因素。

围绕双师素质提升和双师教学团队的建设，要求教师主动适应经济社会和产业发展，实现课程内容和教学方法与专业要求的对接，自觉实现专业化发展。就高职公共基础课教师而言，由于历史和政策的原因，自觉运用学科文化为专业服务，提升学生素养的意识越来越淡薄，导致学生人文修养、科学修养和健康素养严重缺失，公共基础课也逐渐沦为边缘化的境地，这是十分危险的教育现状。因此，公共基础课教师的职业化转型意义尤其重要，任务也更加艰巨，这也要求管理者必须从战略的高度重视教师的专业成长，长远规划，增添措施，完善制度，建设一支适应职业教育发展的高素质教师队伍。

三、文化活动传播文化——演绎风采，潜移默化

文化活动是校园文化建设的重要载体和重要组成部分，是全面提升学生综合素质的文化实践。校园文化活动的形式与质量，直接反映着高职校园文化建设品质。突出主旋律，坚持多样化，并以之持续深入地开展，不仅能为学生提供展示青春风采的平台，更能对他们人格的形成产生潜移默化的影响。同时，开展文化活动还要注重常规性与品牌建设的一体化推进，自觉将常规文化活动与典型文化任务有机融合，既集中展示又贯穿始终，以文化的感召力凝聚学生，让多彩的校园文化活动成为他们自觉的文化追求。

四、实习实训体验文化——躬身实践，深入体察

实习实训文化是高等职业院校的重要文化特征，它具有教育行业和企业职场的双重属性，即具有学校文化的育人特色，又具有企业氛围的职场特色，二者相辅相成。通过校内外实训室（基地）所传递的文化信息，实现校园文化与企业文化对接，在专业实训操作、顶岗实习、技能竞赛的亲身实践中，完成对学生技能及职业操守的岗前培训。

根据人才培养方案，按照标准化、育人化和审美化要求建设实训室文化，不仅要形似，更要神似，要结合专业、职场要求科学布局。例如：建筑工程技术专业按照建材的编年史，学前教育专业基于学前儿童身心健康成长轨迹，旅游管理专业按照地方红色文化资源和特色旅游线路打造的实训室文化，都可以成为校园文化的又一亮点。

（一）标准化

借鉴房地产企业借助样板间营销的做法，按照科学技术发展和合理组织生产的需要，在质量、规格等方面以规范化标准建设专业实训室，在精细上下功夫，不仅确保专业实训的顺利进行，还能通过它培养学生良好的品质，培养学生一丝不苟、精益求精的从业素养。

（二）育人化

实训场地是又一重要育人阵地。通过实训场所的墙板文化，展示行业经典作品、行业技术标兵、学生实习风采、励志标语口号等，让学生在行业规范和身边典型中完成思、学、做的统一。

（三）审美化

实训室建设不仅要体现现代工业文化的力量美和结构美，更要传达专业文化的内在美和意蕴美，使学生形象而直观地了解事物的内在规律、演变过程，并受到美的熏陶。

五、职场创业检验文化——素养养成，行而致远

坚持以学生为中心、以系为单位，建立毕业生跟踪调查制度和毕业生信息跟踪档案，实时了解职场对学生首岗适应能力和多岗迁移能力的要求。通过校友办建立校友信息档案，走访优秀校友和邀请其回校做报告，走访职场失意学生，全方位了解职场对高职生的素养需求。根据第三方评价机构提供的年度分析报告，进一步了解职场用人要求，根据上述反馈，紧跟职场素养新要求，深度开展职业功能分析，不断调整完善校园文化建设方案，形成长效运行的动态调控机制。

第五节　高职校园文化与素养

一、关于素养

从实质看，素养的核心是文化，是经文化浸润的行为表达，是文化洗礼后的修养体现，是对主流思想和文化持有的正确态度，即对主流价值观的坚守和

追求，对人生意义的思考与追寻，对优秀文化的传承与弘扬，对自然的尊重和礼敬。它体现为个体对生命的关注和关怀，对他人成绩的由衷欣赏和赞叹，对弱者发自内心的同情和恻隐，更表现为慎独时的自律，不卑不亢的得体，不用他人提醒的规则自觉。它代表着一种人生境界——包容、内敛、优雅，它传递着一种人生情怀——关爱、体恤、温馨。素养使人精神充实而阳光自信，敬畏规则而遵纪守法，感情丰富而与美同行，善于融汇，懂得变通，并用哲学的、历史的、文学的、审美的眼光审视世界，看待社会，认识人生。

二、冰山理论

关于素养的结构，美国最著名的心理大师萨提亚用了一个非常形象的比喻：这就像一座漂浮在水面上的巨大冰山，能够被外界看到的行为表现或应对方式，只是露在水面上很小的一部分，大约只有八分之一露出水面，另外的八分之七藏在水底。

根据冰山理论可知，处于冰山上部的知识和技能，是显性、表象的，是相对易于习得的；通用素养与基本素养则处于冰山下部，是隐性、潜在的，对人的职业生涯可持续发展至关重要。这个比喻形象地告诉我们，一个人的知识、技能只是浮在水面的冰山一角，而支撑劳动者走高走远、可持续向前的是集合价值观、从业素质等潜藏于冰面之下的那些内在素养。

三、素养的养成

文化的最后形态是人格。遵循循序渐进的原则，通过对文而化之动态过程的研究，结合学生成长成才的教育规律，积极探索文化养成教育的渐进式过程，即以文化人，实现对文化实践的指导。

《周易》上说："刚柔交错，天文也；文明以止，人文也。观乎天文以察时变，观乎人文以化成天下。"一个"化"字便显出了四两拨千斤的能量。自然界有春风化雨的滋润，人类社会有"人猿相揖别"的漫长进化和渐变中的同化，人类自身有水谷精微的消化和运化，其"化"的过程神奇而玄妙。"化"是一个具有非凡力量和生命张力的动词，而"化成"二字更是将人类文明的演化进行了形象的演绎，从野蛮无序到秩序法治，从颠沛离乱到和谐文明……怎一个"化"字了得！"化"一语中的，将人类精神的进化与文化的持续影响交融，它生动地告诉我们：文化是孕育人类文明的阳光，文化是人类进步的助推器。

"化成"作为一个过程态，也是素养养成的关键阶段。在中华传统文化中，一直都坚持"经世致用"的原则，注重发挥以文化人的教育功能，它包含了浸润的艰辛，渐进的磨砺，反思的痛苦，取舍的智慧，文明的养成与蜕变。它大致可分为"知情行"三个阶段：

（一）文而化之

此"文"指的是人类的一切物质和精神文化。具体而言，指在育人的过程中将适合学生年龄特点、学历层次、认知水平的文化科学知识，通过传播，让学生用良好的文化学习态度去认知、理解、掌握知识要义，这是一个"知"的过程。

（二）化之为文

此"文"指的是经艰辛修炼所获的情感态度和精神价值，是内化的结果，是理想人格的上下求索。它是生命气质的养成，是文化穿越我们内心而形成的举手投足的良好习惯和高尚人格，是以文化人与以德育人的有机融合，这是"情"的过程。

（三）行而致远

指良好的素养以它深邃的影响力伴随个人的成长，这是一个"行"的过程。素养一定会成为高职学生行走远方的引擎和隐形翅膀，指引他们走远飞高。在未来的人生路上，素养会支撑他们持续向前，不断适应新岗位需求，即便更换人生跑道，或者历经各种人生况味，也能支撑他义无反顾地向着新的目标奔跑，继续闪耀青春和理想的光芒，去寻找人生出彩的机会。

四、高职学生综合素养基本框架

（一）基本素养

指现代人立足社会、服务大众、愉快工作、健康生活以及幸福人生所应具备的基本能力，包含政治素养、品德素养、法律素养、人文素养、科学素养和健康素养。

1. 政治素养

政治素养指拥有坚定的信念，拥有符合国家主流价值观的人生观、世界观，它包含作为一个社会人必备的公民意识和社会担当，尤其是面对意识形态的多元化，有自己的独立思考和判断，能经受考验，心中始终拥有一道明晰而不可逾越的红线，努力做一个政治上的明白人。

2. 品德素养

品德素养指能自觉遵循共同的生活和行为准则，注重自律，也指通过舆论与反思，不断地修正自己的行为，在是与非的甄别中，始终保持头脑的清醒与自知，明辨是非，从善如流。

政治素养和品德素养重在培养学生的思维品质，形成有高度、有视野的人生态度。其思维品质具有如下特点：

（1）深刻性——能透过现象看本质，判断事物发生的态势；具体问题具体分析，不一叶障目；能见微知著，即所谓"乱花渐欲迷人眼，浅草才能没马蹄"。

（2）敏捷性——能迅速判断是与非、美与丑、真与假，并做出正确的取和舍，不机械，不泥古，即所谓"竹外桃花三两枝，春江水暖鸭先知"。

（3）批判性——注重反思，以理性的批判眼光减少盲目、偶然和片面，在否定之否定中形成正确的取向，即所谓"千淘万漉虽辛苦，吹尽黄沙始到金"。

（4）多层统一性——通过去粗取精，去伪存真，由表及里，分析事物的多形态、多层面，找到事物发展的规律，即所谓"横看成岭侧成峰，远近高低各不同"。

3. 法律素养

法律素养指一个人认识和运用法律的能力，它包括法律知识、法律意识或法律观念、法律信仰。在建设有中国特色的法治社会和市场经济时代，学习法律基本知识是树立良好的法律意识和法律信仰的前提和基础，培养法律意识是驱动公民积极守法的认同和自觉，树立法律信仰是法律意识的最高层次。

4. 人文素养

人文素养是一个社会的价值导向，是启迪心灵的智慧。因此，加强人文学科的学习，有助于培养学生的文化品格，如坚守信念，矢志不渝；视野开阔，善于思辨；以人为本，珍惜生命；热爱生活，富有情趣；敬畏自然，注重环保；

思考人生意义，并追求理想人格的养成。

5. 科学素养

国际上普遍将科学素养概括为三个层次：对科学知识达到基本了解的程度，对科学研究的过程和方法达到基本了解的程度，对科学技术给社会和个人产生的影响达到基本了解的程度。

高职院校通过科普讲座、科技活动、专业技术技能培训、现代网络媒体宣传等形式，结合专业课程教学，不断提高学生的科学素养，是现代职业教育的重要职责。

6. 健康素养

世界卫生组织曾给健康素养下了一个定义：健康素养代表人的认知和社会技能，这些技能决定了个体具有动机和能力去获取、理解和利用与健康相关的信息，并通过这些途径能够改进和维护健康。

将健康素养教育作为一种文化现象上升到文化层面，通过生命健康教育，培养学生重视身体健康、关注心灵健康的意识。关注身心健康，养成健康生活方式，学会科学管理身心，掌握必要的保健技能，提高健康运动水平，是高职学院不可或缺的重要教育内容，是学生职业生涯可持续发展的基本前提。

（二）通用素养

职业通用素养是指作为职业人在从事职业活动过程中，所应具备的与职业能力相关的素养。它是一种非专业的素养，但又为职业岗位所需，具有很强的跨职业性或跨行业性，是支持个体成长发展的重要能力。高职学生所应具备的职业通用素养主要包括自主学习能力、信息处理能力、数字应用能力、人际沟通能力、团队协作能力、环境适应能力、问题解决能力、创造创新能力在内的八种能力。

1. 自主学习能力

以个体作为学习的主体，通过阅读、听讲、研究、观察、实践等，逐步提升知识与技能，情感与价值的行为方式，这是与传统的被动学习相对应的一种现代化学习方式。

2. 信息处理能力

指获取、理解、筛选、利用信息的能力，以及利用信息技术的能力和信息安全能力，这是信息化社会重要的应用能力之一。

3. 数字应用能力

指通过对数字的采集与解读，计算及分析，在计算结果的基础上发现问题、做出评价，并对相关工作提供有价值的信息、方法、理论的能力。

4. 人际沟通能力

指人们在日常的学习、工作和生活中，人与人之间进行的交流、理解、分享的能力。它不仅考验个体语言表达能力，更体现为自身的知识、素养和品德。

5. 团队协作能力

指建立在集体的基础之上，通过发挥集体精神，众志成城，实现最大工作效率的能力。其核心是团队精神，它包括个体间的相互支持、包容、尊重、欣赏、信任等。

6. 环境适应能力

指人在特定的时空中对环境（主要指人文社会环境）的融入的能力。对现代人而言，一岗定终身的情况已渐行渐远，多岗锻炼则成为职业生涯的常态，迅速适应岗位环境，有助于事业的推进。

7. 问题解决能力

指以问题为导向，在发现问题中找原因，在分析问题中求方法，在解决问题中求突破，最终实现任务完成的能力。善于解决问题是一个人综合素质的集中体现。

8. 创造创新能力

指在技术和各种实践活动领域中想出新方法，建立新理论，提出新思想，搞出新发明，并产生经济价值、社会价值、生态价值。

（三）特定岗位素养

每个行业都有各自通行的准则，而每个岗位都有不同的职业标准。这些独特的专业标准、规范的职业道德和特有的职业禀赋需求，会使相应的职业群体打上深深的烙印。

特定岗位素养是指基于完成特定职业岗位之典型工作任务所需要的素养，它具有行业规范性、专业独特性与任务的规定性等特点。不同职业岗位，对职业素养的具体要求各有不同。例如：旅游管理专业应具备热情诚恳的服务意识，尊重自然的环保意识，精准统筹的时间意识，遵守合同的诚信意识，灵活务实的应变意识；建筑工程技术专业应具备安全规则意识，质量品牌意识，生态环保意识，诚信法治意识，艺术审美意识；学前教育专业应具备师德为先的爱心，幼儿为本的责任心，纯真的童心，缜密的细心，持久的耐心等。

第六节 地方高职网络文化建设

一、高职网络文化的含义

网络本是一种信息技术，但它一经渗入经济和社会生活，其价值就不仅仅限于技术层面，而是具有更深层次的文化意义，特别是在高职校园里，文化的发展与建设本身就是一项重要的活动和任务。文化的发展与建设离不开传播媒介的影响。作为信息时代的主要传播媒介，网络在高职校园文化的影响与建设中的地位和作用日益突出，尤其是对高职师生的价值观念、学习方式、行为方式的影响最为深刻。毫不夸张地说，"数字化生存"已日益成为大学校园的主流教育和生活方式。与此相对应，作为折射大学生精神世界的校园文化，其形式和内容自然会发生某种"变异"，这种"变异"，就是具有鲜明的网络特征，也即网络文化。从这个意义上说，高职网络文化的产生、发展是必然的，同时也是积极的，它是传统校园文化在新媒体领域的延伸，是校园文化的多样化展现。

具体讲，高职网络文化是指高职校园与互联网紧密联系的一种文化形态，可以分为网络物质文化、网络制度（行为）文化和网络精神文化三个要素。网络物质文化是指以计算机、网络、安防体系、网络界面环境等物质基础的建设；网络制度（行为）文化包括与网络有关的各种规章制度、组织机构、管理方式，以及通过行为准则、行为引导等重点培养师生利用校园网络获取信息，进行信息交流等行为习惯和行为方式；网络精神文化主要包括网络内容及其影响下的师生员工的价值取向、思维方式等。

二、网络文化的特征

网络技术使教育发生根本变革，日益成为大学生获取知识和各种信息的重要手段。与传统校园文化相比，网络文化具有以下特点：

（一）丰富性

网络出现以来，人类可以了解或者获取的知识和资料成几何倍数增加。大量网上信息为人们学习、研究提供了丰富的资源，开阔了人们的眼界，也丰富了人们的生活。同时，这种丰富性不仅体现在内容上，也体现在表现方式上。网络集聚了其他媒介特征，可同时呈现文字、图片、声音和影像。

（二）开放性

在网络世界中，传统意义上的"疆域"正在消弭，"地球村"正在向我们走来，可以与世界同步了解校园内外任何一个角落发生的事情；在网络世界中，传统意义上的"约束"也在消弭，任何观点都可因创建者个体的意愿在网上输出和传播。这种极大的宽容与自由，形成了网络文化形式与内容的开放性特征。

（三）交互性

在互联网出现以前，媒体的传播交流方式基本上都是单向的，网络改变了这一切。在网络中，每一个网民不仅是信息资源的消费者，同时也是信息资源的生产者和提供者。人们获取信息的方式由传统的被动式接受，变为主动参与、主动传播、主动交流，提高了信息的传播效果。

（四）个性化

文化主体个性化的特征，在网络文化中发挥得淋漓尽致。由于网络的虚拟性和匿名性，一定程度上为网民充分展现自己的个性提供了广阔的舞台。这也从一个侧面可以解释为什么现在微博、微信等社交媒体是如此红火。网络上没有既定的价值标准，与现实生活相比，人们在网络上更加容易接纳一些与众不同的观点和态度。

（五）不可控性

上述网络文化的特性，为其不可控性提供了最好的注解。传统媒体运营中，信息在发布前都要经过一定程序的审核，即所谓"把关人"进行把关。但在网络世界中，大多数情况下是没有这个环节的，信息的发布和传播是"未过滤的"，是"即时的"。

三、地方高职院校网络文化建设的有效途径

地方高职院校网络文化建设既要遵循高职网络文化建设的一般规律，又要突出其个性特征，只有这样，才能推动校园网络文化持续、健康、快速地发展。

（一）高职网络文化建设的一般规律

1.改善校园网络物质文化建设

保障校园网络文化建设资金的投入，加快数字化校园建设步伐。主要包括校园网络实体建设和信息管理系统的开发，主要目标是实现教学、科研、办公和管理的自动化。需要指出的是，在硬件改造的同时，安全防护建设也必须同步进行，以确保校园网络文化稳定运行和信息安全。应打造一批寓教于乐的精品网站和栏目，激发师生兴趣，提高师生对校园网络的关注度。

2.强化校园网络制度（行为）文化建设

认真贯彻和落实国家、省市颁布的校园网络文化有关指导文件或指示精神，进一步建立健全校园网络文化制度和网络管理制度。要注重将这些制度"数字化"，使师生能通过网络了解网络相关知识，提高师生对校园网络文化各项管理制度的认知。通过讲座、微博、微信公共平台、广播、宣传栏等形式，大力宣传校园网络法律法规，增强师生的法制意识、责任意识和安全意识。通过网络素养教育，引导师生正确对待、使用网络信息；同时还要注重通过丰富多彩的校园文化活动引导师生树立积极、健康、广泛的兴趣爱好，防止网络沉迷等不良现象的发生。

3.注重校园网络精神文化建设

首先，要加强社会主义核心价值观教育，利用主流文化作引领，稳固校园网络文化阵地。其次，要把校园网建设成为吸引力大、影响力强的德育网站和

时政新闻宣传平台。最后，要注重利用网络丰富性、开放性和交互性等特点，提高教育效果。

（二）地方高职院校网络文化建设的个性特征

地方高职院校网络文化建设与地方高职院校特性密不可分。与其他举办本科教学的高校相比，地方高职院校具备两个最明显的特征，一是地方性，二是职业性。这也就决定了地方高职院校在网络文化建设的过程中，必须紧紧围绕地方性和职业性特征，展现个性魅力，提高建设成效。

1. 地方性特征的凸显

地方高职院校网络文化建设的地方性，主要通过两个途径来强化和凸显。一是要在网络文化建设过程中，加强地域文化的传播与教育，提高师生对学校所在地的文化认同；二是要在网络文化建设过程中，加强对学校精神层面的教育，提高师生对所在学校的文化认同和价值认同。要注重体现学校个性特色，利用校园网络对校训、学校精神、办学理念、教风、学风、发展目标等进行折射和延展，用来激励、感召、启发、诱导师生，进一步深化校园网络文化精神。

2. 职业性特征的凸显

高职院校具有与其他举办本科教学的高校不同的、强烈的"职业性"特征，在校园网络文化建设的过程中，这一特征只能强化，不能边缘化。高职教育"以服务为宗旨，走产学研相结合的发展道路"的指导思想和"工学结合、校企合作、顶岗实习"的人才培养模式明确告诉我们，要培养高素质技术技能型人才，就必须培育有鲜明高职特色的学校文化。这个"高职特色"就是"职业性"。高职院校校园网络文化的"职业性"特征就是基于校企合作、产教融合的高校校园网络文化。在高校校园网络文化的基本氛围中，产业文化进校园，企业文化进课堂，手脑并用、教学做合一，崇尚社会实践、企业实践，开门办学，注重应用，构成了地方高职院校独特的网络文化品格。

地方高职院校网络文化建设要植根于自身办学的显著特征，在地方性、职业性兼具应用性上下功夫。只有这样，才能形成具有鲜明特色的大学文化。

第七节 教育国际化背景下的高职校园文化建设

经济全球化潮流催生了政治、文化的全球化，也使教育国际化成为不以人们意志为转移的客观趋势。随着我国全面深入地融入国际社会，国际化已成为高等职业教育的重要发展趋势之一而备受关注。高等职业教育作为我国高等教育体系的有机组成部分，其为经济社会发展培养高素质技术技能型人才的功能已获社会的广泛认同，而在国际化背景下，培养具有国际意识、国际交往能力、国际竞争力的高职人才，是高职教育国际化的核心所在。高职校园文化作为"高素质"国际化高职人才培养的育人载体，必须主动适应经济全球化发展需要，积极应对新挑战，开阔高职人才的国际视野，提升其国际能力。

一、高等职业教育国际化的内涵

在世界经济全球化的推动下，在国际教育贸易市场开放的前提下，各国在人才培养目标的确定、教育内容的选择以及教育手段和方法的采用等方面，不仅要满足来自本国、本土化的要求，而且要适应国际产业分工、贸易互补等经济文化交流与合作的新形势，这必然会引发教育资源在国际上进行配置，教育要素在国际上加速流动，教育国际交流与合作日益频繁。教育国际化的核心或者本质，就是在经济全球化、贸易自由化的大背景下，各国通过跨文化的教育交流与合作，培养出在国际上有竞争力的高素质人才。

高等职业教育办学模式要求开放式办学，这不仅要求高职学校向国内企业、社会开放，还要求其积极推动高职教育向国际社会开放，统筹整合国内国际两种资源，促进高职教育不断国际化，从而更好地面向世界。我们所说的高职教育"双平台"培养人才，就是采取"校企合作""国际合作"两种模式培养人才。高职教育国际化是指国内高职教育与国际教育机构、国际企业之间的交流与合作，培养具有国际发展意识、国际交往能力和国际竞争力的高素质劳动者和高技能人才的过程。高职教育国际化，要求各种高职教育要素在各国间自由流动以达到资源共享的目的，主要包含高职教育理论、办学理念、人才培养模式等的学习和借鉴，课程设置和课程资源开发的交流与合作，合作办学，高职教育相关人员往来（主要指教师和学生）以及合作研发。

二、高职校园文化国际化建设的必然性

在高职教育国际化背景下，高职校园文化的国际化建设势在必行。

第一，经济全球化发展趋势要求高职人才具有国际化视野。在经济全球化时代和知识经济主导的当下，国际竞争的核心是国际化人才。高职教育自身发展需要拓展国际化发展道路，同时，高职教育必须为国家经济国际化发展培养国际化的技术技能人才。在我国产业结构调整升级战略中，高职人才攸关我国经济发展能否突破瓶颈走向可持续发展的大计，其国际视野和国际竞争能力更决定我国在未来国际产业结构中的座次。这就要求高职院校转变观念，创新思路，将国际化教育融入人才培养全过程。

第二，高等教育国际化改革要求高职教育培养国际化高职人才。教育要适应国家经济社会对外开放的要求，培养大批具有国际视野、通晓国际规则、能够参与国际事务和国际竞争的国际化人才。

第三，国际化人才的培养需要国际化校园文化氛围。高职院校历经规模扩张的求生存阶段和内涵建设的求发展阶段之后，必然要走向凤凰涅槃式的蜕变，即高职教育的最高境界——文化发展阶段。因此，培养国际化的高职人才，就要发挥校园文化强大的育人、导向、凝聚和整合功能。高职教育的办学理念、人才培养模式、课程体系、教学内容和方法、科研、社会服务等，无不包容于校园文化之中。营造国际化的校园物质环境，制定国际化的制度行为文化体系，凝练国际化精神文化内核，是培养国际化高职人才的必要条件。

三、高职校园文化国际化建设的思路

国际化的高职人才需要具备国际素养，即国际知识、国际意识、国际能力和国际情怀。这需要高职院校以国际化理念进行科学合理的文化建设顶层设计，并采取综合性的措施加以实现。

第一，立足传统文化和本土文化。国际化人才只有在了解本国传统文化和特定的本土文化的基础上，才能真正理解国际化的文化真谛，从而在爱国主义

基础上树立世界观念和国际主义情怀。否则，国际化也就失去了根脉而毫无意义。高职校园文化需要打上深深的传统文化和地域文化的印记。

第二，挖掘高职院校的国际化文化元素。国际化已成为高职院校发展的重要战略，国际化文化元素的有效利用是塑造高职院校文化自觉和文化自信的一种明智选择。高职院校应该深度挖掘自身的国际化文化元素和国际化文化渊源，并将其融入校园文化建设之中，以增添校园文化的国际化色彩。

第三，搭建跨文化交流平台。通过开展国际文化节，模拟联合国大会，每周一国讲座，师生交换和互访以及海外学习项目等文化活动，可促进学生对异国文化的认识。增加与外国学生互动交流的机会，可增进学生对他国历史文化、政治经济、风俗习惯等的了解，开阔学生分析世界形势和国际问题的视野。

第四，将国际化文化元素融入校园文化的物质文化、制度文化和精神文化维度中。在物质文化建设中，可打造具有国际化文化背景和元素的校园景点，给校园环境增添国际化氛围；在制度文化建设中，可将国际化合作办学作为高职发展的战略加以考虑和实施；在精神文化建设中，可融入国际化元素，在学院顶层设计里凝练国际化的精神文化内核。

第五，构建国际化教育课程体系。国际化教育的全面持久实施，需要系统的课程体系来支撑。国际化教育课程，需要高职生具备基本的国际常识（尤其是通晓国际规则和惯例）、宽广的国际视野、务实的国际参与能力和高远的国际情怀。开发国际化教育的内容，将其融入公共基础课、专业课和实习实训中，这是费时费力的系统工程，需要学校整体的设计和各方的联动协同完成。对于高职教育来讲，引进和借鉴知名企业国际化运作经验，找准国际化合作对象，与知名、跨国公司合作提升产学合作层次，为国际合作提供项目支持和发展途径，在人才培养标准上力求同时满足跨国公司在招聘本地技能人才的期望，把跨国界的、跨文化的全球性观念和技能融合教学、科研以及服务等各项功能中，是尤为重要的。

第六，将国际化文化建设纳入高职校园文化建设的标准体系。高职校园文化建设的标准体系是整个校园文化建设的具体实施细则，有必要在其中开发国际化文化建设的具体内容与考核指标体系，以引导规范学生参与国际化文化活动和课程，也可以将此作为高职生学分累积的重要内容。

第三章 高职图书馆文化

第一节 高职图书馆文化概述

一、文化的含义

（一）文化的起源

文化最先是由人创造的。人是社会性的动物，因此人的特质里包括了文化性。文化是人类历史的重要组成部分，人类的起源也是人类文化的起源。劳动促进了人类的进化，人类最先经过劳动，获得食物，经过发展后逐渐有了语言，开始了交流，由此使猿的脑髓慢慢转变为人的脑髓，脑髓和其他器官慢慢地具有了抽象思维和推理能力，再对劳动和语言产生作用。如此循环，更进一步促进了人体各项高级技能的形成。这种发展，随着人类社会的发展，从未停止过。尽管在不同的种族和时代是不一样的，而且有些时候可能产生了终端，但随着人的发展完全，出现了新的因素，那就是"社会"这个组织。人体器官中的手、口和脑髓除了可以自我传播以外，还能和外界产生交流，可以开始更复杂的工作，可以和外界开展协作性的工作，而且从事的活动难度等级越来越高。因此，后来出现了农业，农业之后是手工业，并且随着不断发展，产生了农业和手工业的分工，最后还出现了艺术和科学。猿能够进化成人，是为了满足动物的物质需求，可以说是劳动创造了人，而且随着劳动的进一步深入，人还在进一步地向前发展。劳动过程中，人与人之间产生了关系，从而构成了社会，这种生产方式促进了人类的发展，使物质上的需求得到解决，能够从事政治、科学、艺术等活动。

人的劳动具有主观意识，劳动是人类文化产生的原动力。在劳动过程中，首先，生理上的进化是人的文化产生的基础，它为人准备了人的脑髓、手和发音器官。再者，人的交往以及社会的形成发展，既是人生产生活的需要，也使人成为类的动物，它们相互作用，人造就了人的社会，人的社会也造就了人。在上述两个方面的作用下，文化的表象就展现出来了，它体现为最初的语言、文字、图画和舞蹈等，还有后来的国家制度、法、礼、教、文学、艺术、科学等。

文化是人类历史凝结成的生存方式。文化的生存方式一方面作用于人的生产生活，另一方面作用于人精神本身，体现在人的道德模式、思维模式和生活模式的变革和发展中。人的物质生活和精神世界不停地产生着文化，文化也不停地影响着人。

（二）文化的定义

人类文明的发展是与人类的进化发展一起产生的，从中可以发现，人类创造了这些文明又反过来促进了人类社会的进步。一方面是由于物质的生产水平高度发展，人们除了生活必须的生产活动，可以将更多的精力投入到精神世界的研究和追求中，这也是人在高级价值的需要和体现（或者说是社会物质世界的高度发展促进了社会精神世界的发展）。学习、娱乐、旅游等这些人依附于物质但又高于和超脱物质的精神需要被一步一步激发出来，这既是以一定物质和经济基础为条件的，也在一定程度上为重新投入社会物质生产和经济活动服务；另一方面，人类高度发展的精神世界也反过来促进着社会生产力进一步发展。大量的新文化现象和新文化运动正从多方面改变着我们这个世界。文化产业的兴起、旅游业和服务业的蓬勃发展等新经济元素正以毫不逊色于传统工农业的力量促进着我们这个社会的发展，甚至成为诞生更大的财富的角逐场。

近代，对于文化的定义多达几百种。归结文化的各种研究阐述和界定，问题主要集中在以下几点：一是文化就是属于人类的特有的精神和物质世界。这是将人区别于动物和自然界的界定：文化决定了人是人，文化即是将人"人"化。二是文化与文明的关系。就文化而言，各国学者多注意到文化与文明的关系，都在这个问题上几乎有相同的认识和困惑。

当然，要界定文化的概念回答上面的问题是必然的。在界定文化之前，通过对文化起源的追溯，知道人是怎么成为人的，那么，在人成为人的过程中，人的精神该如何反思这个过程并从中提炼出所谓的文化呢？提炼文化需要明确以下几个问题。

第一，在生产生活的实践中，物质和精神的力量的反复作用促进了人的形成和发展，我们该怎样认识这些元素并提炼形成文化呢？

如今大多学者都将促进人成为人的一切元素汇集起来而成为文化。这样的观点应该得到认可，因为人与动物和自然界相分离依靠的就是这些元素，简单地抽取其中的部分显然不合适，这些元素是综合而有机地对人发生作用，才使得人成为人。

第二，文化就是文明，还是文化不等于文明？不等于的话，二者差别又是什么呢？

事实上，文化并不等于文明，文明是人类存在的成绩单，是静态的、可以看得见摸得着的人类万象，而文化却是这种人类万象的集合及其对人的影响和作用。文化，实际上也就是"人化"，是人作为有意识的类存在物的本质的体现……正是在改造对象世界中，人才真正地证明自己是类存在物。这种生产是人的能动的类生活。通过这种生产，自然界才表现为他的作品和他的现实。因此，劳动的对象是人的类生活的对象化：人不仅像在意识中那样理智地复现自己，而且能动地、现实地复现自己，从而在他所创造的世界中直观自身。

总的来说，文明是人类存在的成果，文化是人类文明成果对人的反作用，使人被"化"为人，文化是使人成为真正的人的一种力量。文明由人类创造，人类创造和享受文明的过程，就是接受文明、再造和为新文明的创造蓄势的过程，这一过程在生理上维系着人的生存和繁衍的动物本性，在精神上或意识上使人保持着人的精神并发展人的精神，它改变着人本身，使人成为人，古代人成为现代人，今天人成为未来人，它是使人成为人的一种力量。

因此，文化的含义：一是指向人类创造的一切物质的和精神的文明成果，是特质的文明，是文明的历史性、具体性的表现；二是指人类创造的文明成果反作用于人，使人成为人，并发展人的物质的和精神的力量。

（三）文化的特性

1. 文化的系统性

伴随人的进化和发展，文化不单指人类社会中的某一种元素或现象，而是指特定区域和特定历史时期的全部的或某一类型的人类社会元素和现象。在历史上，灿烂的史前文化，如我国史前的仰韶文化、红山文化、三星堆文化、河姆渡文化、良渚文化，以及南美的玛雅文化、托尔特克文化、阿芝台克文化等世界其他的古文化，都不只是一种文化的表象，它们都包含了远古人们的语言、文字、图案等文化现象，也包含了渔业、狩猎、畜牧和耕种等生产方式，还包含了家庭、部落、氏族和国家等社会经济的和政治的关系等。总之，一种历史的文化包含着人类历史的一切的生存方式，它在空间上和时间上表现为一个由人构成的社会存在，是一个物质与精神交汇的系统。现代社会，网络文化、旅游文化、休闲文化、汽车文化、游戏文化等新的文化层出不穷，这些文化所指依然是一个系统的存在，如旅游文化，在精神上指人对旅游的追求、向往和体会；在物质上指旅游景点、设施和消费品等；在制度上指节假日的安排、景点游人的规定等；在行为上指旅游的行动过程，包括景点浏览、饮食、居住、藏品购买以及旅游景点品牌的宣传、营销等，同时旅游文化还指向旅游这种生活方式对个人以及对社会越来越深刻和广泛的影响。由此可见，我们通常所说的文化是一个系统的构成，是各种"人"化元素的集合，是人类历史地凝结成的生存方式，系统的总结出人的生产、生活方式。

2. 文化的特定性

文化是具体的文明，文明的范围很大，文化是指某种特定历史时期、区域、民族和种群的社会物质和精神系统。在灿烂的史前文化中，我们可以看到原始人类向我们展示了一幅壮丽的史前文明画卷，如仰韶文化、红山文化、玛雅文化等。作为我国黄河中游地区重要的新石器时代文化——仰韶文化，其持续的时间为公元前5000—公元前3000年，分布在整个黄河中游，从今天的甘肃省到河南省之间。红山文化是新石器时代晚期的一种农耕文化，距今5000～6000年，主要分布在今天的内蒙古东南部和辽宁省西部。玛雅文化是玛雅人在5000年前，于墨西哥合众国和中美洲危地马拉的太平洋海岸生产活动创造的文化，玛雅文化是世界重要的古文化之一……事实上，我们描绘史前和文明史上的人类文化都是一种特定时期、特定区域和特定种群（民族）的文化。时尚的文化向我们展示了文化的特定性，如旅游文化、休闲文化、网络文化等。以茶文化为例，茶文化是指与茶有关的物质与精神文化构建。人们熟知的陆羽的《茶经》，是原创性的茶文化，其中包含了茶之源、茶之具、茶之造、茶之器、茶之煮、茶之饮、茶之事、茶之出、茶之略、茶之图。由此可见，文化可以被确定为以某种特殊生产、生活的社会现象为核心展开的物质与精神文化的体系。文明是一般的文化，文化是特殊的文明。

3. 文化的时代性

人类社会发展是自然的历史过程。而文化的源泉和基础是人的社会实践，因而文化总是与一定历史时期的人类社会生产实践相生相伴，具有鲜明的时代性。从宏观上看，通常我们把迄今为止的人类历史划分为三大文明形态，相应地，存在着三种主导性的文化模式，即原始社会的文化模式、传统农业文明的文化模式和现代工业文明的文化模式。随着人类进入信息化时代和全球化时代的到来，一种新的理性文化模式正初露端倪。从微观看，以生产方式为根本划分的人类社会，在每个阶段中都有无数特定的文化，如农业文明的主导和基础文化是自然经济的农耕文化，其文化表现为农耕社会的政治制度和经济制度、道德观念和风俗习惯，以及科学技术等。古代中国在高度发达的农业与手工业生产的基础上，政治、经济、文学和艺术等方面相继发展，产生的代表人物影响深远，创造出灿烂的文化，使古代中国在世界文明发展史上占有重要的地位。而在今天的社会，发达的经济及高度物质文明成为培养休闲文化、旅游文化等新文化生长的肥沃土壤；信息化的飞速发展又催生了网络文化等，使它们如雨后春笋一般蓬勃而起。

总之，文化指向的是在特定历史时期，人们生产生活的方式，文化的时代性是文化发展的具体表现。时代的文化是发展的文化，发展的文化也是时代的文化，由社会的历史性决定了文化的时代性，使时代的文化性表现出人类文明在不同历史时期的多样性。

4. 文化的继承性

任何一个时代的文化的形成和发展都是以前一个时代文化为基础的。通过时代的变迁、积累，使人类文化逐渐丰富，并不断进步。文化是人类历史凝结成的方式，这种凝结本身就是继承。人是生活在一定历史中的人，历史是继承的历史，也是不断发展的，而继承是历史发展的基础，历史发展是在继承基础上的发展。人的再生产是人生理上的继承，而作为人类的社会生产、生活方式的继承则表现为文化的继承，不管是物质生产生活资料，还是精神生产生活资料，存在和发展都需要在继承的基础上进行。

教育是知识传承的主要手段，广义的教育既包括系统的人的培养机制和知识的传递，还包括子女从父母那里学习到的一切、师徒之间的技能传承等，包括后人从前人那里学习到的一切。教育传承的是知识和技能，同时也传承了人的精神文化和行为准则，而这一切都是文化继承性的表现。当然，文化的继承与创新是密不可分的矛盾统一。将前人创造的社会物质文明和精神文明成果作为社会继续发展的承载基础，这是一种文化继承。而在文化继承的基础上，在前人创造的文明基础上，发展起来的则是文化创新。在继承中，文化不断地发展，继承成为文化创新的基础，而创新是文化发展的方式。广义的文化创新，是描述人类发展的另一种方式。今天，我们同样要继承灿烂优秀的中华文明，同时要以海纳百川的博大胸襟吸收人类一切优秀文明成果，在继承中创新，在创新中发展。

（四）文化的功能

人创造了文化，文化成为人的文化，同时文化又作用在人身上，使人"人"化。因此，所说的文化功能，就是文化对人的作用。文化对人的作用表现为文化对每一个人即个体的作用和文化对人的集体即人的社会的作用。

1. 文化对个体的作用

人总是置身于一定文化背景中的，人一方面获得文化给予他所需要的知识，另一方面文化规范和约束了人的行为，使之真正成为社会人。

（1）文化对个人需求的满足

人的需求包括物质需求和精神需求。在物质需求方面，文化对人物质需求的满足表现在人的饮食起居方面。人对物质的需求，有低级层次需求和高级层次需求之分，低级层次物质需求主要指人最基本的吃、穿、住、行，而高级层次物质需求主要指人的基本物质需求得到提升，附着在精神需求上的物质需求。例如饮茶可以养生，而进一步的需求提升则成为茶文化中的品茶，并延伸出相应的茶文化。事实上，文明社会构建以来的人的物质需求无论是低级层次的基本物质需求，还是高级层次的物质需求，都已深深地烙下文化的印记。例如，我们吃的大米、白面、肉等，这些食物的生产早已社会化或人化。史前文明的先祖们在农耕文化时代，人类就已经不再像其他动物一样完全被动地依赖于自然的赐予，而是开始用劳动改造自然。因此，只要是人而不是动物，那他的基本物质需求就深深地烙下文化的印记。高级层次的物质需求在社会化大生产中表现得越来越普遍，包括生产资料和生产工具的改革、生活资料和生活方式的更新，拥有的汽车、电脑、网络等，这些都是高级层次的物质需求。文化满足人的物质需求是建立在人的精神对自然物质的创造上的。人用智慧和劳动改造客观的物质世界，使之为人类服务，满足了人的物质需求。在精神需求上，文化对人精神需求的满足，表现在人精神生活需求的方面。人具有精神和意识，在创造自身物质生活需求方面，人的精神表现出强大的威力，而同时，其本身也需要滋养和丰富，人的精神需求表现在两个方面：一是为生产实践准备必需的相关知识和技能，并以准备的知识和技能为基础，进行创新；二是为人提供丰富多彩的精神生活需求。前者，教育、科技和生产实践等为我们提供了学习与创新的平台；后者，艺术、文化交流等为我们提供了广泛的需求平台。

（2）文化对个人行为的规范

人类在自然界中求生存、谋发展，并最终成为统领自然的唯一生物，其根本在于人凭借的是群体的力量，人也因此成为"类"的动物。伴随着人类历史的发展进步，人与人之间的分工和协作也在进步，从人出生开始，就处在人与人构成的各种关系即社会中。人与人之间的以生产关系为主的各种关系要和谐存在，必然需要一定的规则，俗话说"没有规矩，不成方圆"。人们为了共同生存和发展的需要，逐步建立了一整套用以约束人的行为的规章制度和道德标准，人们在共同遵守一致的行为准则、道德标准的基础上构建了人的关系总和即社会。这就是文化功能的一种作用，为人们提供了辨别是非、善恶、美丑的标准，对人们的思想行为起到了规范性的作用，使社会在一定秩序中存在，并不断发展。文化对个体的作用主要表现在满足个人需求和规范个人行为两个方面，即规定了个体的权利和义务，使个体人成为真正的人、社会的人。

2. 文化对社会的作用

人是社会的人，社会是人的组织。文化对社会的作用不是文化对个体作用的简单叠加，而是在深层次上对群体相互关系和共同价值的导向与肯定，其表现的是群体存在的社会制度。

（1）形成社会运行的基本模式

正因为人是文化的人，人的社会其本质也是文化的社会，同时文化的社会还对一代代的人进行文化的规定。相对于文化对个体人的行为规范而言，文化对社会的规定性突出表现了群体的导向和价值功能。社会与制度从来就是孪生兄弟，社会由人构成，而人的群体形成社会的过程就是各种制度形成并运行的结果。人是文化的人，人的群体自然也是文化的群体，而文化的群体的形成是通过文化在群体中的有机嵌入得以实现的，这种实现的方式表现为群体价值突现和行为导向的规定。因此，文化就将群体的价值概念和行为导向以制度的形式体现出来，并形成社会运行的基本模式，社会由此成为文化的社会、人的社会。从原始社会简单的分工协作到现代社会的法律法规，从基本的经济制度到处于上层结构的国家政治制度，本质上都是使人与社会的关系得到界定，根本的功能在于保障人能够以一种唯一的方式即群体的方式存在与发展，使人成为人并发展人。劳动使人成为人，而劳动从来就是以群体形式存在的，即使是最远古的人类劳动也是建立在群体基础上的实践。文化对社会的规定是生产关系的总和，经济制度、政治制度和社会制度均囊括其中，各种制度从根本上规定了社会各行各业、各种组织机构以及每个人处于社会所必须遵循的行为规范和法律法规。在经济制度方面，主要体现在生产方式的确立，以及阶级地位和阶级利益的维护，在此基础上是具体经济层面的各种制度，如所有制、货币制度、劳动与社会保障制度等；在政治制度方面，国家的政治体制是根本，在此基础上是具体的政策与大政方针，如选举制度、立法制度、宪法等；在社会制度方面，它相对于经济制度和政治制度而言，主要强调社会的制度规定是对实体组织和个人的规定，是在经济制度和政治制度框架下形成的具体而繁杂的各种规章制度。

（2）形成社会的价值取向

社会运行模式不仅包括显而易见的硬性的制度化规定，还包括深层次的隐性的道德观念和价值取向。人的价值观是制度产生的源泉，具有抽象化特点，而制度则是人的价值观的显性化和具体化表现。客观世界在不断地被人改造的同时，总是被问到一个相同的问题：这样做有什么意义？这个所谓的意义就是价值。实践是社会的实践，价值是实践的精神反思，因此价值判断是基于社会层面或群体层面的认识，是个体的共同意识。文化在造就人的过程中以及在构建稳定的社会结构的同时，形成和积淀了群体共同的价值观和意识判断，这是文化嵌入社会的深层次力量表现。个人利益与集体利益之间是矛盾的统一，而文化则在引导个人的价值取向和观念的过程中，形成社会的或集体的共同价值取向。社会价值取向在道德层面的价值表现为对人的行为的真善美与假恶丑做出判别；在政治和经济层面表现为对人本身的关照即政治和经济行为的意义或政治和经济行为对人需求的满足。无论是道德层面还是政治和经济层面，对于价值的判断，根本是对利益的取舍，是对个人利益与群体利益的选择。人是群体类动物，没有集体就没有个人，未维护集体利益，也就不能实现个人利益，同样只顾当前利益不考虑长远利益，人类就将灭亡，尤其在人类增长与自然资源短缺的矛盾日益突出的今天，我们更需要人与自然和谐共融。因此，社会价值取向基本标准是个人服从集体，小家服从大家，少数服从多数，当前兼顾长远。

文化的重要功能就是人化，文化世界就是人化世界，研究文化世界，就是研究人的世界。人的世界里有什么呢？相对于自然界而言，人的世界理所当然地由人和人的社会构成，同时还包括人的实践对象即客观物质世界。架起人与客观物质世界桥梁的是社会。这样，从一个看得见、摸得着的静态视野观察，人的世界元素由人、人的社会和人面对的客观物质世界三方面构成。这里要研究的文化世界是动态的系统存在，是以研究人对自然界的作用为立足点打开文化世界的功能及其发展的窗口，因此需要从另一个动态的视野中对人的世界进行观察，这个视野看到的人的世界就是文化世界。人的文化世界是动态世界，这个动态的过程是受到世界上的各种因素相互作用、相互促进的影响产生的。从哲学视野观察，精神和物质构成世界，物质是第一位的，精神是第二位的，物质决定精神，精神反作用于物质。而从动态的文化视野中观察，人的世界不仅有物质和精神，还有精神与物质相互作用的过程，因此文化世界总体是由人的精神、人的实践对象即客观物质世界和人的实践三方面构成。人的实践或者说人的行为是联系人的精神与人的实践对象的桥梁。

（五）文化的分类

文化的构成主要有三个方面，分别是精神层面、物质层面和行为层面。在文化世界里，人的精神、客观物质世界和人的实践具有相互作用、互相影响、共同促进的效果。精神的质是人的大脑，在生理上是依赖于自然的营养物而存在的，并进行发展；人所触及的物质世界已经不再是原生态的自然界，其已经被人们打上了烙印，成为人的精神和行为的作用物和表现物；实践发端于人的大脑，对客观世界产生作用，同时实践还反作用于人的精神，促进人进一步认知物质世界。

1. 精神文化

如果说文化是具体化的文明，即"人化"世界，并成为改造人的方式，即"化人"的话，那么，精神文化就是人的精神世界。人的精神世界是精神文化的质，人的精神世界，即精神文化，总的来说是人的认知力，包括了逻辑思维能力和知识储量。逻辑思维能力是精神方法，知识总储量是精神储备。可以从知识本身和文化视野两个角度来看人类精神世界：从知识本身来看，人类知识包括自然科学、社会科学（这里的社会科学应该包括法律和道德等一切维护人类社会关系的学科与知识）和哲学。精神文化应该是自然科学、社会科学和哲学发展水平即人类知识总水平。广义的精神文化是在包括自然科学、社会科学和哲学的基础上，还包括维护和促进科学发展的社会制度与机制、组织机构和设施，也包括在总的知识框架和社会框架下人们的风俗道德和行为习惯。

2. 物质文化

物质文化是人类物质文明成果的具体化。凡人类触及的客观物质世界均烙有人类的印迹，都是物质文化的范畴，在这里可以找寻到人类实践的历史和现实。

站在文化的角度，审视人类的物质文明，发现物质文明不但将满足人类生存需求的物质世界包括其中，还包括了满足精神需求的、艺术化的人类物质世界。人类生存的基本物质需求是指人们衣、食、住、行的必需物品，其主要的功能是维持人的生命和人的再生产，是自然资源、生产工具和产品与社会基本生产关系的总和。其次，人类在生存基本物质需求得到满足以后，物质产品又在人类的精神需求和创造力作用下进一步升华和提炼。在今天，衣物不再只是御寒之物，它已经演变为人的形象和气质的表征物，人们从服饰中感受到美和自信，感受到人的想象力和创造力，感受到艺术。同样，单纯的饮食已经演变为饮食文化、单纯的居住演变为人居环境……当然，物质文化及其升华受制于生产力的发展水平，具有鲜明的历史性和时代性，是人类物质文明成果的具体展示，同时它还体现了人的创造力和精神需求，是精神文化的表现。生产力水平越高，人类创造的物质文明越灿烂辉煌，人的精神及其需求在物质文明中体现得越富有思想。

人的思想支配人的行为，人类精神世界反映出人类行为文化，同时人的精神作用对象是客观物质世界，人类行为文化具体地表现在丰富多彩的物质文化之上。实践介于精神与物质之间，而行为文化则介于精神文化与物质文化之间，架起了连接精神文化与物质文化的桥梁。总的来说，人类行为文化包括人类的实践，是纷繁庞杂的生产和生活行为的分类化和系统化，也包括用以引导、规范和强制人们行为的制度、法规、风俗等。行为文化首先是人的行为，其次是人的行为形成的各种制度，其背后是人的精神和人的行为对的客观物质的双重作用。作为社会人的个体来说，其言谈举止和穿着打扮是个人的行为表现，但又是行为文化在每个人身上的具体表现。

二、图书馆文化

图书馆文化是指图书馆这一特定文化教育机构具有的文化特质以及影响力。

（一）文化属性

所有的图书馆构成了一个行业，具备文化属性，而文化属性是在人类的文化大环境中产生的，因而必须考虑整体性。

人类文明的具体化表现是人类文化,这也是文化对人类自身进化与发展产生的一种作用与影响力。图书馆是特定的社会分工组织,集散了人类知识,承担着收集知识并传播知识的社会职责。图书馆作为社会分工组织,本身就是一种文化教育机构,赋予了文化的含义。因此,探讨图书馆文化,就要先从图书馆产生、发展的历史,图书馆功能的形成入手。图书馆的产生,从根本上说是社会生产力发展的结果,体现出的是社会文明的进步。所以,图书馆文化是在社会进步的影响下,产生、形成的行业特定文化。图书馆文化与其他行业文化的区别是,其凝结了图书馆这种特定分工组织中的特定文化现象和文化影响力,对人类社会的进步和发展起到了重要意义,它影响的是人,是对人智力的改造。

(二)图书馆事业文化

图书馆事业是基于图书馆运行,形成具有系统性文化的现象、行为和精神。在人类社会历史进入一定时期后,图书馆才产生并发展,图书馆的存在是一种文明进步的标志,图书馆本身是人类文化的具体化。图书馆文化指明了图书馆对社会的作用,即图书馆对人类群体或个人的思想、行为产生的作用和影响,或者说图书馆对人的"人"化作用。

具体而言,在文化上,图书馆体现出了对人类的作用,这是由其所具备的社会职能决定的,具体表现在图书馆保存、整理、传播人类文化上,以及推动文化创新的功能上。从狭义上讲,图书馆文化是在图书馆行业范畴内考察图书馆的文化结构、形成和功能等。它包括三个层面:图书馆的人、物、事等构成要素;图书馆各要素的有机融合与发展;图书馆事业文化是一种人文精神的凝聚力、一种学习的境界和环境氛围。

(三)图书馆文化的特性

文化的特点是系统性、特定性、时代性和继承性。图书馆文化也不例外,除此之外,图书馆文化还具备其自身特性,这些特性是图书馆文化区别于其他文化的标志,也是行业本身的独特体现。

1.图书馆文化的独特性

图书馆文化具有独特性,这种独特性指的是图书馆行业和工作的文化特质。一方面,图书馆作为具有特殊性的社会分工组织,在社会文化大背景下,对图书馆行业文化有具体的要求，是指图书馆的办馆宗旨及其服务要求。进一步延伸，表现为对图书馆的文献信息、工作人员、配套、管理规章等一系列图书馆要素的要求以及图书馆读书氛围的营造与维护。另一方面，指图书馆的存在及其活动在本行业中自发地形成的一种潜规则、一种职业道德、一种行业气质、一种从业精神。它自发地体现于图书馆人的精神面貌中、体现在图书馆服务读者的过程中、体现在整个图书馆的学习氛围和文化环境中。

2. 图书馆文化的系统性

所谓文化，它是文明的具体化，是一种系统的存在。图书馆人员的精神是图书馆外显的精神文化之一。它不仅是图书馆工作人员的精神，更多的是图书馆工作人员与读者之间的接触、图书馆工作人员置身于图书馆系统中的活动。同时，通过丰富的文献信息资源、完善的服务手段、健全的规章制度、完备的设施设备、图书馆的一人一物等皆是图书馆文化系统的组成，它们彼此联系、相互影响、共同作用，形成了一种独特的图书馆文化景观。

3. 图书馆文化的时代性

图书馆文化的时代性表现了文化的继承性和发展性。图书馆产生于古代的藏书楼，其仅能表现为藏书文化，古代图书馆文化由以下几种因素构成：楼舍、书籍的数量和所在的地位。而到了现代社会，图书馆文化就是以现代化的技术手段，通过对各种载体的文献信息资源的收集和传播并服务于读者的一系列综合文化元素。图书馆文化在不同的社会发展阶段表现是不一样的，就图书馆行业自身而言，主要是管理方式、读者、文献资源、技术水平以及馆舍建筑等方面。

（四）图书馆文化的功能

以人类历史长河和全社会文化为大背景，考察图书馆，发现图书馆的文化功能体现在两个方面：一是促进人类社会文明的进步；二是图书馆活动通过自发凝结，形成具有行业特色的文化，有效补充了整个社会文化，并产生了影响在行业本身的范围中，图书馆的文化功能表现为图书馆的人、物、事在图书馆活动中凝结而成的一种精神、一种环境和一种氛围以及对图书馆行业自身建设与发展的促进。

1. 广义的图书馆文化功能

（1）图书馆活动对人类文明进步具有促进作用

人类文化发展到一定历史阶段，图书馆是其产物。文字的产生、系统的知识载体，这是两个必备条件。随着社会文明的进步，图书馆的出现，成为一种专门的、特定的社会分工组织，具有保存、整理、传播文献信息，文化教育和休闲等社会功能。从另外一个角度来说，人类文明发展所需要的知识和文献信息资料能够保存和传承是因为有了图书馆的结果。图书馆使前人的知识更方便地被后人学习和发扬；正是因为图书馆的存在，使学校的学生不仅学习到书本上的知识，还能学习到不同领域的知识；科学工作者和其他社会成员可以免费看到他们想要的书籍，有一个固定的地点方便他们学习；社区居民拥有补充文化知识和休闲的场所；农民通过图书馆学到相关的农业知识，了解外面的世界。总之，图书馆作为文化服务机构，对社会文明的建设，社会的发展起到了不可替代的作用。

（2）图书馆文化是整个社会文化的组成部分

图书馆事业是文化事业的组成部分，图书馆文化是社会文化的组成部分。这种文化不仅具备图书馆文化本身的特质，还具备在整个人类文化中的特征（这里的人类文化不是广义的人类文化范畴，而是狭义的人类文化范畴即精神文化范畴），以及由此产生的社会影响力。

2. 狭义的图书馆文化功能

狭义的图书馆文化功能指的是图书馆在其行业圈子的文化功能。它的侧重点是图书馆文化对图书馆活动产生的影响。从这个角度出发，图书馆文化具有以下功能：首先，形成和促进行业的发展。图书馆的人、事、物都烙上图书馆特色，而图书馆工作标准的实施，设置规范了图书馆的运行，使图书馆运行有序化，每一个到图书馆的读者均会受到这种文化的影响，虽然影响的程度不同，但这也是图书馆行业存在和发展的基础；其次，图书馆在长期的工作中，通过积累和实践形成独特的图书馆阅读氛围和环境，有很强的稳定性。这种独特的文化气质会对每一个读者产生影响。会使图书馆成为一个独一无二的"图书馆"，并内化为一种精神——图书馆精神，赋予人们学习和求知的勇气，是书香文墨的圣地，是合作共享、平等开放、服务于人的精神，是辛勤耕耘、甘当人梯的境界。人们来到这里就为了求知和创新、为了进步和升华。它对图书馆人和读者产生约束的作用。图书馆的工作标准和规章制度对图书馆工作人员具有约束作用，使他们的职业行为有标准可依、有章可循，体现一种规范的从业道德：以人为本、尊重读者。同时，图书馆的规章制度对读者也有约束作用。例如要求读者进入图书馆时，衣冠要整洁，要讲文明，行为举止要有礼貌。

（五）图书馆文化的构成

图书馆文化是文化的特殊形式。首先探讨一下文化的结构。文化的结构有三个部分：物质文化、精神文化和行为文化。物质文化是表现在外层的文化，是外部的；精神文化是蕴含在事物内部的，是内涵性文化；行为文化是一种实践文化。精神文化通过作用于客观事物从而显现出来，这个作用的过程就是行为文化。它通过某个事物的外部让我们或多或少地看到内在的精神。精神和行为结合后，在物质文化上有所体现，并且相互作用，这种相互作用对事物本身的发展和进步起到了促进效果，但不是单一的过程，而是一个复杂的综合系统。或者说，精神文化、物质文化和行为文化相互作用、相互促进。精神文化决定行为文化，行为文化又反作用于精神文化，精神文化、行为文化与物质文化相互影响，相互促进。

图书馆文化是一种特定的文化。它具有文化的共性，又有其特殊性。在共性上，基于对文化结构的一般分析，图书馆文化也是由图书馆精神文化、图书馆物质文化和图书馆行为文化三个方面构成的。在特殊性上，从两个角度分析图书馆文化的结构。

首先，将图书馆本身的构成元素作为基础，对图书馆文化的结构进行考察。图书馆是由文献信息资源、馆员和读者、馆舍与设施设备构成。第一，图书知识的资料、建筑及配套设施是图书馆的物质基础，是图书馆发挥其基本功能的组织，以此为基础形成了图书馆文化，这是图书馆的物质文化；第二，图书馆中人的元素是图书馆员和读者，图书馆中人的存在使图书馆内形成了特定的文化氛围，表现为对知识的渴望、良好的职业道德和兢兢业业的服务精神……这属于图书馆的精神文化范畴。同时，图书馆中存在的人，其言行举止体现出的是图书馆的精神文化，并将其作用到图书馆上，彰显于图书馆物质文化，但它本身是图书馆建设过程中方方面面的实践行为，这属于图书馆行为文化。图书馆离不开这三种文化的融合。当然，图书馆仅仅依靠行业自发的力量是不够的，图书馆行业还需要一系列的制度支撑，因而就形成了一种制度文化。不能简单地将制度文化归类到物质文化、精神文化或者行为文化中，制度文化不仅体现出了精神文化，也是行为文化的一种书面形式。但为了方便研究，多在行为文化中对图书馆制度文化进行探讨。图书馆馆员和读者的行为很大程度上受到图书馆制度的制约，同时与图书馆行为文化一样，图书馆制度体现出图书馆的办馆理念、管理者的要求、馆员的工作规范与职业精神以及读者的需求与利益等一系列的图书馆精神范畴。从以上分析可以知道，图书馆文化由物质文化、精神文化和行为文化三个方面构成。

其次，从图书馆文化的角度（图书馆文化的功能或作用）看。广义上，图书馆文化功能对社会作用的研究，是将图书馆文化作为一个文化整体或文化系统。狭义上，图书馆文化功能的研究，是研究图书馆文化对图书馆行业本身的作用。图书馆文化对图书馆的建设与发展有什么样的作用呢？一是促进了图书馆物化成果的形成与发展，即促进了图书馆看得见、摸得着的物质基础形成和发展。这包括文献信息资源、馆舍、设施设备等硬件设施设备等；二是形成了诸多可贵的精神，求知与创新的精神、敬业与奉献的精神、协作与共享的精神和优雅的文化教育氛围……这一切都是图书馆精神的凝练；三是养成了一种习惯，一种工作规范与要求、一种人与人和谐相处需要的文明礼貌与彼此尊重，这都是图书馆行为文化的表现。因此，从这个角度上说，图书馆文化体现并凝结在图书馆的物质、精神和行为之中。

由以上分析可知，物质文化、精神文化和行为文化是图书馆文化的组成部分，是"分—总"的关系。

图书馆最初是人们收藏图书的场所。经过几千年的演变，作为文献信息资料收集、整理、传播的功能仍然延续，正因为这几千年的积累与发展，形成了图书馆文化，这种文化成为图书馆发展的内核。这个文化内核包括图书馆的规章制度、图书馆在读者心目中的形象、图书馆的价值观等。

　　经济文化发展的需要，对图书馆的发展起到了促进作用。虽然图书馆是为经济文化发展提供服务，但在其长期的生存和发展中，形成了具有自身特色的文化。图书馆文化主要有哪些内容呢？对于图书馆，其定义是以大学文化为背景，以图书馆自身的馆文化为基础，通过图书、文献资料的管理使用，形成了具有图书馆特点的思想观念、行为方式、道德准则、知识体系等外在的形象和物质形态的总和。在文化含义上，图书馆涵盖了两个层面，分别是形象层面和观念层面。所谓的形象层面的图书馆文化，指的是图书馆外在的物质文化，这种现象是通过外在的环境，图书馆的藏书量，当前新技术的使用等带来的直接形象，是图书馆文化的基础和载体，也体现出图书馆的基本实力，是图书馆实力的标志。所谓的观念层面图书馆文化，指的是图书馆管理制度方面的文化，这种制度方面的文化是经过长期积累发展起来的，是图书馆运行的有效保障，规范、约束图书馆自身、图书馆馆员和读者的行为。因此，就图书馆的管理而言，制度文化包括的内容广泛，如国家和地方的图书馆法、图书馆政策、图书馆管理机制、图书馆业务的各种规章制度，以及国家、地方和各图书馆的发展规划等。从观念层面的图书馆文化来说，这种文化指的是图书馆的精神文化，其形成的精神风貌和文化氛围具有特定性，是经过长期发展形成的，也是图书馆文化的物质层和制度层形成的思想基础。观念层面的内容包括了理想信念、管理精神、职业道德、管理作风、审美情趣和生活品位等。研究发现，超前性、多元性、非强制性和实践性，是图书馆文化的基本特征。其中的超前性，是指图书馆文化在形成和发展过程中，经过了不断分析、选择、吸收，衍生出了符合社会潮流的新文化体系，具有文化生成的超前特点，对社会文化产生先导性。其中的多元性是指图书馆是各种社会文化和思想的聚集地；非强制性是指图书馆文化对师生产生的影响，通过图书馆内的精神氛围和文化整体，对人员的情绪潜移默化，陶冶人员的情操，塑造人员的心灵，引起人员的感情共鸣，进而形成了一种自觉、内在的驱动力，使进入图书馆的人员有意无意地融进图书馆文化中；而实践性则指的是图书馆文化不仅为学校的教学实践活动提供文化服务，也对教学实践进行补充。

第二节 高职图书馆的制度文化

一、图书馆制度

"制度"这一概念有广义和狭义之分。广义的制度，指的是以一定的生产力条件为基础，形成的社会组织形式。例如，社会主义制度和资本主义制度。不同的社会制度，匹配的政治、经济、文化组织形式不同。狭义的制度，指的是为了某一组织的正常稳定运行，制定的内部活动规范，如企业管理制度、企业财务制度、企业人事制度等，这些制度均具有较强的针对性和实践性。因此，图书馆制度就是为了保证图书馆的运营，制定的与图书馆活动相关的人员的活动准则和行为规范。这些规范是在长期的工作实践中总结形成的，具有很强的约束力，也是为了保证活动中各方利益。

（一）图书馆制度的含义

图书馆制度是针对图书馆的实践活动制定的，具有普遍约束力的行为规范。其内容包括图书馆的管理规章制度、日常工作流程和评价标准等。

第一，图书馆管理制度表现为图书馆精神、价值观念、行为准则、科学管理等，也反映图书馆管理科学化和民主化程度。

第二，图书馆制度是一套体系，而且随着时代的发展而变化。这些制度是图书馆发展和实践中规律的体现，同时会制约和约束与图书馆相关人员的活动。在古代，图书馆仅仅是收藏图书，那时的制度就是针对图书的收藏和整理。现代社会，智能化、数字化图书馆发展趋势使得图书馆产生变革，新的功能增加，图书馆制度也随之发生了改变。

第三，综合来看，图书馆制度具有明显的共性，个性化情况较少。这是因为图书馆是一个技术性要求较高的组织，更多强调服务和技术标准的统一，不注重标新立异，尤其是在"互联网"时代，资源共享，逐渐趋向一致性。

（二）制度的文化特征

制度作为准则，规范着人类的行动和实践，这种准则是人们在社会活动中创造的，同时也是在历史进程中不断积累和总结的结果。伴随着社会政治、经济和文化的发展，当然就会受到各种因素的影响，如观念、社会道德、风俗习惯等，制度也就带有文化的内涵。任何一项制度都是由人们去归纳和制定，从而形成具有普遍约束力的规则。制度的制定，不可避免地受到历史和社会文化因素的影响。制度形成以后，反过来促进社会政治、经济和文化的发展。

文化是人类文明在积累和传承中形成的。这个过程也是一个互相融合的过程。既然是融合，那么就必须得到大家的认同，只有认同才能够形成共同的文化，也只有认同，才能够交流和传承，才具有文化本身的意义。而对文化的认同，就必须要靠一套制度，把制度和文化结合起来，体现为一种规则或者是某种习惯时，这种文化就拥有了发展的根基，而制度也被置入到文化中，形成一个整体。

二、图书馆制度文化

制度拥有文化的特征，这说明制度与文化之间存在不可割裂的联系。实质上，制度是文化现象的一种，文化是一个综合性系统，其由三个方面构成，分别是物质、制度和精神，这三个层面分别代表三种文化，制度文化是其中之一。联系具体的个人，物质、思想观念和精神三个层面是紧密相连的，而且会相互影响。思想和观念等因素也对人们的行为起到支配作用，而人们的行为又是一种群体、社会的共同行为。因此，文化的精神因素就会逐渐形成风俗、规则、法律、制度等制度因素。当制度产生后，就会通过执行制度因素，使人形成自己的精神动向与力量，在社会实践中创造物质财富，从而实现了物质文明。因此，制度文化作为文化的一部分，不仅是精神文化的产物，也是形成物质文化的工具，组成了人们的行为习惯和规范，又制约和影响着人们的行为和活动。

根据上面的探讨，对于制度文化的含义可以归纳如下：与物质和精神文化密切相连的文化构成部分；制度文化是能够对人类活动产生某种影响的准则或规范，能够对文化的物质层面和精神层面产生影响，促进了人类认识世界和改造世界的活动的发展。图书馆相关人员的工作和活动规范的构成，主要有图书馆制度、管理方式、组织形式等等，这为图书馆的正常运营和发展提供了保障，是图书馆文化整体形成和发扬的重要支撑。

（一）图书馆制度文化的内涵

在图书馆的形成和发展中，图书馆制度文化形成，并将图书馆的管理哲学、发展理念、服务精神凝练其中，是图书馆发展目标和价值观的外在表现。

第一，制度文化的核心是图书馆的各种规章制度，对图书馆的员工和读者进行引导和制约。

图书馆的制度体系主要有：图书馆的组织章程、准则、规定、条例、实施办法等，这些都是成文规定，是外在的；除此之外，还有不成文的制度体系，图书馆的行为习惯以及延续多年的图书馆价值观念等，均会对图书馆的员工及每一个来到图书馆的读者产生影响。

第二，制度文化的形成需要有自己的系统。

图书馆制度是所有图书馆相关人员都要遵守的，具有一定的约束力，因此就不可能自发形成和延续。图书馆的组织机构从上至下保证了这些制度的推行，而这些制度的执行过程，则是一个图书馆行为方式、管理规范得以执行落实的过程，它有着图书馆本身的行为风格，蕴含着丰富的文化信息，而且执行这些制度中又体现出权威性、独一无二的影响力和约束力。

（二）图书馆制度文化的特征

图书馆的制度文化是伴随图书馆产生和发展的，体现着图书馆的馆藏特色、图书馆组织的价值观。而图书馆制度文化对图书馆的促进发展也产生了反作用。归纳起来，图书馆的制度文化具有以下特征。

1. 权威性

一旦建立图书馆制度体系，并且开始实施，制度就具有了权威性和严肃性，规范明确了图书馆员工的行为和准则。在图书馆的发展目标和任务范畴中，图书馆的一些活动都要受到限制，并确定了馆员与馆员、馆员与图书馆、图书馆与社会之间的关系。

2. 中介性

图书馆制度文化反映出精神文化，同时也是物质文化的工具。只有通过制度文化，精神文化才能对物质文化发生作用，而且只有通过制度文化，物质文化才能反映出对精神文化的反作用。

随着传统图书馆向现代图书馆的转变，受到物质文明和技术发展的影响，图书馆的观念、价值体系和服务理念，也从被动提供服务转变为主动提供服务，从阵地服务转变为社会服务。随着时间的流逝，图书馆界接受了上述观念，这些观念成为图书馆的新价值观，且演变成图书馆的制度文化，又对图书馆精神文化起到了反作用。制度文化在适应图书馆物质文化的同时，也是塑造图书馆精神文化的主要机制和载体。因此，制度文化的这种中介性和传递功能对图书馆的文化建设起到了重要作用。

3. 规范性

图书馆制度文化在两个方面表现出了规范性：一是强制性。与图书馆的价值观和道德规范不同，图书馆规章制度不是以人们的习惯、信念和社会舆论维系的，而是为了实现图书馆的自身目标，在员工的行为上进行一定的限制，它是一种来自员工自身以外、带有强制性的约束，具有较强的规范属性。二是普遍性。图书馆全体员工共同的行为受到了图书馆制度的规范，不论是领导干部，还是一般群众，都受到制度的制约。如果图书馆全体员工对制度不认同，那么在实践中制度就不能顺利地执行，最终成为一纸空文。因此，图书馆制度的制定必须反映广大馆员和读者的要求，制定时要充分听取他们的意见；制定后也要让群众了解和领会；执行中要提高广大群众监督性，促使图书馆内人员自觉执行。

4. 稳定性

图书馆的制度制定之后，就不能随意改变，成为从上至下必须严格遵守的准则，同时不能因为个人或者某一件事情随意调整。否则，不仅会导致管理混乱，也会引起员工不满。当然，这个稳定，是相对的。随着社会的发展，有些制度明显落后或者对图书馆的工作产生了束缚，就必须进行修改。

（三）图书馆制度文化的内容

图书馆作为一个组织，拥有完善的管理系统，因此图书馆制度也是一个复杂的系统，包含很多方面的内容。首先是图书馆的领导体制。一种领导体制对应着相应的图书馆文化。领导体制是图书馆的领导方式和领导制度的体现。一个图书馆需要馆长主导建立起开放、有序、协调的运营机制，才能有良好的图书馆工作作风，才能实现图书馆制定的各种目标，才能在社会发展进程中，紧跟时代步伐，履行图书馆的社会职能。

1. 图书馆制度的功能

图书馆发展和自身目标的实现，依靠点均为图书馆制度。作为切实有效的管理手段，制度能够对图书馆员工的行为提供指导方向，对图书馆形象给予维护，使图书馆事业发展得到推动。图书馆制度主要功能具体说来有以下几点。

（1）价值导向功能

在图书馆实践中，图书馆制度是采用规范、准则的形式，把反映图书馆价值观念、目标宗旨、行为要求等内容固定下来。以明确的形式对许可的行为、反对的行为进行了规定，并以此判定行为的价值，作为判断是非、善恶、美丑、对错、好坏的价值标准，具有强制性和约束力。一系列规范通过图书馆制度体现后，不仅把员工的行为纳入图书馆要求的轨道，为图书馆正常发展创造了有利的条件，还通过制度的建立，规范了图书馆员工和读者必须遵循的行为。如果没有制度，或有章不循，就会导致图书馆在发展中迷失方向，使员工缺乏价值导向，陷入思想混乱状态。

（2）协调部门关系、整合群体力量的功能

在学校大系统中，图书馆与各部门有着密切的关系，同时，图书馆的内部同样也关系繁多。图书馆制度的存在能够调节图书馆与部门、图书馆与图书馆、图书馆与员工、图书馆与读者之间发生的矛盾、冲突及纠纷，避免了不利于图书馆发展关系的存在，调整好部门关系及内部关系，进而推动事业发展。虽然图书馆内部的大目标一致，但每个人的价值追求不同，道德修养不同，个人性情、爱好、情趣也各不相同，从而导致矛盾的存在。图书馆制度是规定图书馆员工行为的共同准则，为每位员工的行为提供了约束，使员工严格照章办事，努力工作，进而减少矛盾与内耗，使不利因素转化为合理因素。由于图书馆员工团结一致，目标一致，从而形成图书馆良好的人际关系，使图书馆整体团队效应充分发挥出来，这就是制度整合、协调功能的作用。

（3）评价功能

根据图书馆事业发展目标，人们制定了制度，制度也成了大家公认的价值体系，因此，制度作为一种评判标准，本身就具有强制性和约束力。图书馆制度反映出的是大多数员工的利益要求，规定员工的行为必须符合整体利益，使员工沿着正确方向，规范自身的行为，并加以约束，对违反与偏离图书馆制度行为，进行控制和调整，奖励积极的，惩罚不利的，从而创造出一个安定、和谐、有利于图书馆发展的良好环境。

（4）促进图书馆发展功能

当代图书馆在发展中，正逐步摆脱传统图书馆的束缚，迈向现代化图书馆。图书馆的技术含量不断提高，图书馆的服务品牌意识不断加强，且与外界社会关系联系得越来越紧密，这无疑需要一套科学、完备的图书馆科学管理依据。制度是准绳，其对不利因素加以调整，整合有利因素，从而促进图书馆事业的健康发展。

2. 图书馆制度的构成要素

图书馆制度是由一系列管理规范和准则构成的，其主要构成要素有：

（1）准确合理的定义

任何事物都有自身的定义或者固定的识别符号。一项成文的制度体系中，必须有一个严格而准确的定义，即概念。首先从概念上明确一个事物，才能制定人人都遵守的准则，明晰概念，这也是任何制度必须做的第一项工作。定义的界定要从时间本身的语义、所属内容和使用的范围以及如何衡量上出发，不能产生任何歧义，有多重含义的必须进行范围及特殊用法的限定。只有概念清晰明了，图书馆馆员才能够严格遵守，图书馆这个组织才能为馆员的活动提供准确无误的评价标准。

（2）健全的制度体系

图书馆是由多个不同的部门或者组织结构构成的。部门各司其职才保证了图书馆功能的发挥。图书馆一边是大量的科学文献资料，一边是大量的读者，因此图书馆的制度不是某一个方面的，而是一个体系。这个制度体系既包含微观的操作层面的，如图书资料的采购制度、数据库的更新制度、读者借阅制度、读者服务制度等。

（3）科学严格的管理机构

一项系统的制度能够行之有效，需要科学的管理机构严格执行，否则形同虚设，再健全的制度也没有意义。图书馆的制度需要图书馆的内部管理机构深刻领悟，分解到图书馆的日常管理工作中，通过执行和落实，来履行图书馆的社会职能。图书馆的发展，不仅需要有系统的制度，还需要一个科学严格的管理机构执行这些制度。现代社会，更需要读者参与到这项工作中。作为图书馆的被服务者，要严格遵守图书馆的各项规定，尊重图书馆的员工，尊重他们的劳动，爱惜图书馆的点点滴滴，并积极监督图书馆工作，通过一些合理的途径，如公众号、意见箱等对图书馆管理提出一些合理化建议。

第三节 高职图书馆的网络文化

一、网络文化的内涵

网络文化是伴随互联网的广泛应用而产生的，以互联网为载体，以信息交流为中心，在网络构成的开发和虚拟空间中实现信息的传播、互动和创造，并由此带来社会生活变化和人们行为改变的文化形式的集合。

网络文化表现得最直接的就是信息量剧增和沟通速度加快。

网络使得人类的沟通变得简单。信息传播高速、交互和动态化，突破了时间、地点的限制，所有人都能够从网络上获取信息。同时，任何人通过上网设备或者终端都可以向网络提供信息，发布自己的观点，每一个人成了网络中的一个节点，既是信息的接受者，也是信息的传播者。首先，网络将所有的信息源连接起来，当然也包括图书馆，形成了一个巨大的信息网络，将所有的信息笼络到这个网络中，任何人都可以从上面获取信息，突破了传统图书馆的地域和时间限制；其次，随着网络的发展，各种专业型的数据库逐渐建立起来，形成了专业型更强、内容更丰富的数字图书馆，这给读者提供了更丰富的资料；最后，网络的发达，为图书馆提供了更便利的途径来搜集文献信息资料，而且高效率的现代化技术和存储技术扩充了图书馆的容量，甚至一些图书馆可以利用外部的数据库，图书馆本身的发展也突破了建筑空间上的局限，无形信息资源库也是图书馆的一个重要组成部分。

二、网络文化的特征

（一）网络文化具有高度的开放性

网络文化的开放性，具体表现在不受地域及人为因素的影响，是真正的大众文化形式。网络为所有人平等地提供了任意存取的信息交流环境，任何人只要进入网络空间便可分享来自世界各地的文化，可自由地发布信息、交流思想。在这里，不存在时间与空间、制度与风俗、主流与边缘等文化交流的障碍。

（二）网络文化具有动态交互性

网络是主客观的兼容。个人作为网络中的一个节点，既是网络的使用者，同时又是网络的主体、是网络信息的创造和提供者。网络上的信息交流方式已不再局限于传统媒体的单向型传播方式，而可建立双向或多向互动型的交流关系。网络上的互动交流就和人们面对面交流一样快捷与方便，使交流功能更加完备、有效、及时。

（三）网络文化具有高时效性

网络传输速度快，突破了时间和空间的限制，这是网络时代的突出特点。这种高效率影响了整个社会的节奏，导致社会各方面的行动加快，推动了社会高速发展。同时网络提供了快速的传输通道，将全世界密切联系到一起，拉近了人与人之间的距离，全球化程度不断加深。

（四）网络文化的多样性

网络作为平等自由交流的平台，使人们突破现实生活中的一些身份、地位、制度的限制，相对自由地表达自我观点，发表言论，因而形成了多种网络文化。这些网络文化迅速扩散，扩散的同时相互融合，由此可以促进文化的创新和发展，极大地丰富了文化，提供了充足的文化资源，为人们生活提供了精神产品来源。

（五）网络文化的虚拟性

网络空间是在网络中的点子空间，传递的信息也是以数据代码的形式传播，因此与现实的空间是有区别的。每一个人的言论以及行为是人类在现实中的交流活动方式，因而网络空间可以看成是由人类的活动构成的一个虚拟空间。在这个空间中，人类进行与现实生活一样的行为和活动，甚至形成一个虚拟真实的场景活动。如网络游戏、网络聊天等。

各种形式的网络文化促进了人类的文化交流和知识的传播，丰富了人们业余的文化生活，并为人类文化创造力的发挥提供一个巨大的发展空间。这种依托于网络的新型文化形态已融入人们的社会生活中，是现代文化的组成部分之一。

三、网络环境下图书馆文化的内涵

（一）含义

伴随着网络技术的高速发展，国家信息基础设施的逐渐完善，网络用户数量不断增加，因特网上提供的各种服务也不断增多，网络已成为人类社会新一代的信息媒体和通信手段。在社会和经济发展上，网络带来了新动力，也为图书情报工作的开展，创造了更为广阔的空间。因特网是一个协议统一的网络，计算机接入后，就能够实现互相通信，进而为图书馆传送大量的书目、文献，并为其他数字化文献信息提供了基础和条件。连接全球各个国家、城市、地区的因特网，不仅能够作为图书馆之间传送业务数据的资源共享平台，也能作为向广大用户提供文献信息的网络服务平台。

20世纪90年代中期，中国高度重视互联网技术的应用和发展，借此机会，图书馆和图书情报机构在国家的大力支持下，建立了中国高等教育文献保障系统、国家科技文献资源网络服务系统、中科院网上文献信息共享系统、国家数字图书馆工程等。图书馆资源日趋丰富，图书馆服务的群体也逐渐增多，网络在图书馆服务中的普及带来了传统图书馆的革新。第一，图书馆文献信息资料收藏发生了变化。传统图书馆大部分收藏纸质图书和文献资料。随着网络的应用，各种电子图书、电子资源库都引进到图书馆，大大丰富了图书馆的馆藏资源，有的图书馆将纸质图书文献资料转化为数字资源，形成专业性数字图书馆；第二，服务方式改变。传统图书馆重视实体服务。网络时代，图书馆的很大一部分服务是利用网络和计算机进行的。因此，通过稳定强大的数据库服务器为服务对象提供快捷、准确的数据信息服务成为图书馆必须重视的问题。而且，随着网络高速快捷发展，每一个图书馆成为整个信息网络中的一个节点，每一个图书馆只能提供所擅长的内容储备。在此前提下，图书馆的服务也融入整个网络环境中，而图书馆的服务方式和管理方式也难以避免地成为网络文化的组成部分，对网络环境下图书馆文化的形成与发展产生了影响。传统图书馆文化与网络文化在结合后，形成了新环境下的图书馆文化。这种新型的图书馆文化的发展是以传统图书馆文化为基础的，而且具有网络文化的显著特征，充分体现出了新型图书馆的技术文化、管理文化和服务文化。从技术角度上讲，图书馆通过最新的信息技术，对各种资源进行搜集、加工、组织、存储、传递，从而丰富各种数字化馆藏，为读者提供优质高效的文献信息服务；从管理文化角度上讲，是利用网络技术手段，加强图书馆馆藏资源的建设、信息服务、协调用户对象、资源与读者互动的一体化管理，实现广泛的资源共建共享等；利用大数据等信息技术开展个性化服务，开展网络信息自动提送等智能服务。

图书馆文化在网络环境下仍不断地发展。图书馆管理者作为图书馆文化的承载者，要有效地结合图书馆文化与新时期的文化，使图书馆文化真正具备时代的精神，达到图书馆文化与人类文化的统一、科学与人文的统一。与此同时，利用网络文化优势，吸纳网络文化，通过网络传播图书馆文化，弘扬优秀图书馆文化精神，使图书馆文化与网络文化融为一体，促进优秀图书馆文化与网络文化健康地发展。

（二）互联网时代图书馆文化特征

1. 互联网时代图书馆文化的载体

互联网时代，图书馆文化的载体包括了互联网技术、大数据技术、计算机技术等先进的技术设备和数字化馆藏资源，利用互联网，使图书馆文献信息资源快速地传播，打破了图书馆服务范围受时间和地点的限制，使图书馆服务与用户的沟通同在一个动态开放的环境中。同时，图书馆的用户突破了地域限制，远远超过传统图书馆。在原有的图书馆用户群体的基础上，增加了网上图书馆用户。此外，图书馆的馆藏资源也呈动态开放性。除了实体馆藏外，图书馆利用更多的网络信息资源，组建虚拟馆藏，从而为用户提供便捷的利用服务。这种以网络信息资源为主的虚拟资源，使图书馆的馆藏资源体系扩大，也就是从馆内的实体文献扩大到馆外的互联网范围，并随互联网相关信息的动态变化而变化，现代图书馆的馆藏也就呈动态化。除了馆藏，通过互联网还搭建起了一条读者与图书馆互动交流的通道，读者可以通过网络反映自己的需求，也可以对图书馆的服务提出意见和建议，这种开放互动的方式是一种新型的图书馆文化，这也使得图书馆管理者和服务者需要转变工作思维方式，以开放的心态，吸引读者参与到图书馆的管理和服务工作中来。

2. 互联网条件下图书馆文化的个性化

互联网时代，图书馆文化与其他文化相互作用、相互影响、相互融合，界限越来越模糊。而且，图书馆文化已经无法脱离以互联网为基础构建起来的网络文化。衡量图书馆文化影响力的一个关键因素就是图书馆的读者，要让更多的读者关注，图书馆就必须具有其特色，必须发掘自己的优势资源，服务自己的读者群体，同时结合自己的服务优势，形成独特的文化服务模式。

3. 互联网条件下图书馆文化的全球化

互联网条件下，图书馆不再局限于某一地区、某一个单位。图书馆变成了一个地区、一个国家甚至是世界的知识中心。世界各地区的人们可以通过访问一个图书馆，查阅图书馆资料，了解一个地方的风土人情。图书馆已经从一个区域性的文献信息中心，发展成了一个世界文化知识中心，成为世界文化网络中的一个节点，这就使得全世界的知识文化能够共享，让一个图书馆文化成为全球文化的一部分。

四、互联网条件下图书馆文化的影响

图书馆的服务对象是读者，作为一个社会文化机构，有其工作衡量标准，即最大限度地满足读者的信息文化知识需求，吸引更多的读者成为图书馆的服务对象。在互联网时代，图书馆主要在以下几个方面为读者提供最优服务：一是让读者可以便利地查询到其所需资料是否存在及其位置，二是文献资源能否可以被轻松利用，三是获取文献信息资料的形式是否可以被使用。这三个方面的考虑因素，都是基于互联网时代信息传递速度快，对传统图书馆查阅文献资料费时费力的状况有了质的改变的情况而言。

传统图书馆的服务方式是图书馆按照读者的要求提供相应的文献资料或者图书信息。尽管图书馆的工作系统从各个方面都围绕着提高文献的获取性进行运作，但受文献传递方式的制约，难以从根本上提高图书馆的文献获取性。互联网技术提供了信息数据远程传递，读者与信息中心的距离大大缩短，方便了读者的查询和获得，互联网从根本上改变了图书文献信息服务方式，图书馆信息服务模式发生了颠覆性改变。

目前，图书馆的书目信息资源共享已经实现。在图书馆的资源共享体系中，书目信息共享是最早得到重视和发展的。现在，不仅图书馆在采访编目工作中已实现了联机编目，而且用户也可以通过网络查询联机图书馆的公共目录，同时查询的对象不只局限于某一图书馆的书目数据库，而是网络公共联机目录系统所包括的所有图书馆的书目信息，查询的内容也不只限于书目数据，可以扩展到其他领域，能满足不同用户的要求。

各个孤立的图书馆馆藏经过数字化处理后，按一定的格式标准建立统一的检索界面，通过网络连接形成跨地区的联合馆藏，用户可以不受时间、地点限制，实现文献信息传递和文献提取。对图书馆来说，信息膨胀与图书馆经费有限的矛盾得到了缓解。对用户来说，进一步改善了文献的可获取性。

互联网的发展使得图书馆必须更加开放，图书馆成为网络知识信息节点，必须对全社会开放，图书馆的服务者也不仅仅局限在一定范围的读者，而是网上信息资源的传递服务者。它将大量的经过组织的数字化馆藏文献信息快速存取和高速传递，为用户利用，这就更好地提高了馆藏文献信息资源的获取程度。

图书馆通过网络开展服务，使图书馆服务手段更便利、高效，减少了用户获取文献的时间。例如，用户不用到图书馆就能了解图书馆的馆藏信息和借阅规则、办理借还书或预约手续等，可便利地通过网络代替手工的文献传递。网络化在影响用户获取方式的同时，也改变了图书馆员在文献信息获取性方面承担的角色。在传统图书馆中，图书馆员是服务中最活跃的角色，图书馆员处于实现保证"可获取性"目标的最前沿，读者面临什么困难，图书馆员就有责任提供相应的技术、发展相应的技能为用户解决问题。同样，在图书馆从采访编目到典藏流通和管理的各个工作环节中，图书馆员的行为方式都会影响到用户对文献获取性的程度。

随着网络的普及和信息用户群的不断扩大，网络已经成为越来越重要的获取信息的渠道。网络为各种类型的用户获取并利用网络信息资源提供了方便，加快了信息交流的速度。网上信息服务机构的不断增多和网上专业数据库种类的增加，使信息用户群越来越频繁地从网上利用图书馆以外的信息资源。但在另一方面，文献载体的多样性，使文献信息检索的难度增大；信息的易获取性又造成获得的信息太多、选择困难等问题；网络的全球化使语言和文化的差异在信息交流上的障碍更加明显；目前网上各种专业搜索引擎和数据库的检索效能都不理想。这些都是网络信息环境下所产生的新问题，影响了用户对网络信息资源的可获取性。可以说，图书馆员就是用户的信息导航员。

随着图书馆实现了网络化，图书馆教育职能的实施也将主要通过网络开展。网络环境下，图书馆实施教育职能将主要依托于数字图书馆的网络教育形式开展。数字图书馆是 21 世纪图书馆的发展趋势，同时也是实施终身教育的有效工具，利用数字图书馆实施终身教育工作，具有明显的优势。

（一）优势

1. 图书馆拥有海量文献信息资料

图书馆能够通过各种手段满足读者的需求，这是对图书馆工作的基本要求。信息化时代下，网络上充斥着各种各样海量、冗杂的信息。人们没有时间去选择、组织或者归纳。还有一些垃圾信息，人们很难区分出来。数字图书馆就相当于一个过滤组织，通过图书馆专业人员的收集、整理和加工之后，成为系统性的有价值的信息，满足读者的使用。这些信息的来源，包括图书馆自身的资源信息储备、对本馆资源的整理和开发以及吸收外界的专业数据库以补充图书馆自身的资源量，这些都是其他教育机构无法提供的内容，在数字化时代，优势更加明显。

2. 数字图书馆在服务方式、服务内容上科学高效

数字图书馆为读者提供了无须固定地点和时间的随时随地的服务，使用户可以便捷地获取所需要的信息，为开展全民终身教育提供了有效的支持环境。

首先，在服务方式上，数字图书馆通过多种手段，按照一定的要求和规范组织信息资源，同时通过编排索引的方式使这些信息资源能够方便被检索。可以通过跨库检索的工具使不同数据库内容可以被检索到，让不同的知识类别在互联网上实现了连通，这就为读者进行深度学习和教育提供了基础。其次，图书馆拥有完备的传播系统，能够将丰富的文献信息传播给使用者。推送功能的广泛应用让读者也可以随时随地获取图书馆资源的更新，掌握最新的信息动态。再次，集中性、批量化的学习模式已经不能适应当前的个性化在线教育模式，数字图书馆通过丰富的资源、个性化的在线服务模式满足了这种需求，学习者可以根据自己的喜好、学习时间来制订自己的学习计划，以及个性化的学习界面、学习内容等。最后，数字图书馆提供了多种学习形式，视频、音频、文本、图片等，通过电脑、手机等工具进行学习，这些方式为学习者提供了更多的自主性，学习内容被更丰富、形象、生动地展示出来。

（二）对加速知识信息传递的影响

新出现的信息载体和传递手段相对于传统的纸质文献有着无可比拟的优越性。这些新型的信息载体传递信息时具有传递速度快、存储量大、检索方便、功能综合化等特点，知识和信息传播的规模得到了空前的扩大，进而引发了人类科学技术的高速发展和知识文化的广泛传播，出现了"知识爆炸""信息爆炸"的现象，推动人类社会进入信息社会和知识经济时代。另外，随着网络的普及，网络电子信息传递已对印刷型文献传递信息的主体地位造成了影响。互联网传播是数字代码作为载体来实现信息的传递，实现社会文化传播目的的一种传播方式。网络最根本的特点就是它能实现信息的快速传递和信息资源的广泛共享。这两点就形成了网络的三大基本特征：一是时空压缩。传统信息资料数字化突破了空间地域限制，可以进行超地域、跨时空传递，而印刷型文献的传递必然要受一定时间空间的制约。二是传受双方地位的变化。在数字资源传播中，传受双方的地位不再是传与受的区分，二者是一种双向互动的关系，而印刷型文献的知识信息传播方式是单向的。三是高效检索。通过一定的信息检索工具和方法可迅速从海量网络信息中查询到相关的有用信息，并可支持多途径检索。相对而言，印刷型文献的信息检索效率低，成本高。

网络信息传播的这些优越功能，极大地推动了全社会知识信息与文化的传播速度和效能，并改变了信息传播主体与信息用户的信息利用观念。

对网络信息传播主体来说，网络传播改变了图书馆的传统工作方式：更加重视收藏、组织可通过网络传播的数字化文献，并越来越多地通过网络来开展工作和服务。网络传播正改变着其文献服务的理念、方式、过程和内容，如需要重视受传者的个性化需求等。

对网络信息用户来说，其文献信息利用行为也发生了变化，信息用户越来越多地通过网络来获取信息。用户对信息的认知、思维方式也都发生了变化。如多媒体信息的内容与表现形式更加丰富、直观，更易于用户的接收和理解；数字化的资源组织和传播方式，也慢慢改变了用户的阅读、认知和思维方式，培养了用户的自主学习和参与能力。随着网上文献传播的发展，网络传播和文献传播可能逐步走向融合，以此达到加快知识交流的目的。

（三）互联网环境下图书馆文化的发展

我国的图书馆经过多年的发展，积累了相当丰富的文献资料，这是其他任何信息服务机构无法比拟的，在我国信息服务中占有重要地位。互联网时代，图书馆通过数字化加工，将图书馆的馆藏资源转化成为可以数字化传播利用的数字化资源，成为互联网中重要的信息资源库。图书馆在长期的发展过程中，形成了完善的信息资源发掘、收集、整理和传播扩散的规范，同时能为这些规范严格执行提供组织保障。因此，在"互联网+"时代，就要尽快转变思维，把图书馆的这种组织优势和管理经验转化过来，让图书馆实现跨越式发展，将图书馆建设成专业、系统的网络知识服务机构，扩大图书馆在网络上的作用和影响。对图书馆而言，因为馆内拥有丰富的馆藏图书，以及高水平的科学文化知识保障，因此图书馆可以根据自身学科和服务特色优势，建立专业型信息数据库服务，使教学和业内科研成果转实现有效化与传播。地方公共图书馆则可结合地方资源特色，通过设立地方性资源数据库等方式发挥自身重要性，抢占互联网时代信息传播制高点。

图书馆应通过多种途径发挥自身优势，加强自身资源建设，尽可能地提升本馆的信息资源传播范围和效果，提升全社会的文化品位，为传播优良文化作出自己的贡献。

互联网时代，各种信息层出不穷，相互影响，相互融合，形成了独特的网络文化，但其参差不齐，给人们的生活带来不良影响。图书馆作为文化传承和传播的机构，担当着传播优秀文化、影响大众的重任。互联网传播必须通过各种读者喜闻乐见的方式呈现优秀文化，影响大众、教育大众，使得互联网成为传播优秀知识文化的重要阵地。同时，在近些年一直强调的优秀传统文化传播普及方面，图书馆更是义不容辞，应积极发挥图书馆传统资源优势，将传统优秀文化普及到大众生活中。

在互联网时代，图书馆可通过技术手段（如增加图书馆服务入口和服务项目），将图书馆在多年的服务工作中积累的服务经验与方式方法运用到互联网建设和服务中，同时应树立自身独特的服务标志和文化，打造独有的信息服务品牌，吸引更多的用户关注图书馆工作，成为图书馆资源的开发者和利用者。

图书馆的资源开发和利用是一个有机统一体。互联网时代，开放共享是其主要特征。单靠图书馆有限的经费和人力资源，已经无法汇集优势资源开展最优服务，因为必须以开放办馆的心态，以读者为中心，了解读者，亲近读者，让所有与图书馆相关的主体参与到图书馆资源建设和服务中来。图书馆应积极反映读者需求，寻找读者需求，把图书馆建成读者的信息获取中心，成长的基地。

互联网时代的图书馆，将是一个有限性和无限性并存的组织。一方面，为读者提供了优雅的阅读环境，良好的学习氛围，同时成为在嘈杂社会中的一片静地，读者能够在这里学知识，陶冶情操；另外一方面，图书馆通过多种形式建立的知识数据库，以网络为通道，任何人可以从这里获取资源，享受网络在线服务等项目，一个图书馆影响的范围和人群是无限的。互联网时代的数字化图书馆和传统图书馆将会并存，任何一方都不会消失，随着这两种方式的融合，图书馆产生的作用会越来越大，服务的范围会越来越广。

第四节 高职图书馆的信息文化

一、信息文化

（一）信息文化的含义

信息文化存在的基础是信息资源，信息文化可以看成是信息资源的内容表现。信息资源是信息文化的含义，信息文化狭义上可以理解为信息资源。那么广义上的信息文化是指什么呢？它不仅仅指资源，还包括与资源相关联的制度、文明和信息产业。这里研究的信息文化，是狭义上的，是基于信息内容的一种文化，是在精神范围内的。

一般认为，信息产业包括以技术为基础的信息技术产业和以信息文化为基础的信息文化产业。这两个方面是针对传统产业的信息化技术改造和信息文化的改造。而在实际过程中都只实现了技术的改造，并没有进行信息文化的改造和提升，实际上信息技术和文化是两个相辅相成的方面，缺少技术的信息文化不能提升，而缺少文化的信息技术没有长期发展的动力。

（二）信息文化的内容

前文说过，信息资源是文化存在的基础，而能够成为资源，首先要有可利用性，就必须满足三个条件：一是与人类的需求有一定的关系，能够为人类带来一定的效用；二是信息资源是人类经过研究开发出来的信息内容，能够为人类创造价值；三是人类在资源的开发过程中发挥了一定的作用。既然信息文化狭义上理解就是信息资源，那么对于信息资源的内涵，也有两种说法：一种认为信息资源指有一定价值的能够为人类开发利用的信息内容；另外一种理解为除此信息内容外，还包括与信息相关的技术、设施和人员等。当然，不同的信息资源由于加工的深度、价值不一样，分为不同层次的信息资源，如一般的信息资源、具有价值度很高的知识信息资源和情报信息资源。

（三）信息文化的类型

1. 文献信息文化

文献是以一定符号记录知识和信息的一切载体，是信息最正式、最重要的载体形式。文献信息主要包括专利、标准、技术报告、期刊论文、科学论著、资料汇编和往来信函等。它的形成和传连可以是创新主体进行合作研究或开发的结果，也可以是各种创新形式扩散的结果，还可以是创新主体通过信息活动主动搜索的结果。

2. 物化信息文化

物化信息主要包括机器、装备、生产线等，直接代表着技术创新的成果，蕴含着丰富的创新信息。这些技术产品中的转移既是技术扩散的重要渠道，同时也是创新信息的重要渠道，是创新信息的重要来源。

3. 人才信息文化

人才信息包括人与人之间的关系以及这种关系中形成的信息传播渠道和文化。人才信息中蕴含三种重要的信息内容：一是话语信息。许多创新思想就是通过非正式的话语交流获得的；二是情景信息。只有在具体情景中才能准确地传播和理解；三是知识面已是结构化的知识，是关于创新的一般方法和解决问题的能力。人才、信息传递是衡量知识创新中信息、知识流动的一个重要指标。

4. 网络信息文化

利用互联网进行信息交流是获取信息的一种形式。随着计算机应用的普及、网络的发展、数字图书馆的建设，网络信息将成为一种主要的信息类型。它具有方便、快捷、信息量大、高传输性、可分享性、交互性、感染性、易复制等优点，代表未来信息流的趋势，前景广阔。网络信息具有空前的复杂性和多样性，将会极大地提高信息传递和知识创新的效率。

（四）信息文化的素质

1. 信息素质

信息素质反映一个人的信息文化水平，它是指人们所具有的信息意识、信息处理的各种能力和技能，包括信息搜集（开发）、鉴别、综合分析的能力，信息技术运用能力，以及积极的信息和良好的信息道德。

2. 信息素质标准

标准一：能够明晰信息需求的范围和内容，准确界定信息需求；能够从纷繁复杂的信息中发现潜在信息；评价和预估信息资源的价值和费用。

标准二：能够综合利用各种检索工具和手段，依据一定的信息需求找到相匹配的信息资源；能够在检索中根据实际情况补充和修正自身信息需求；获取到信息后能够对相应的信息进行分类、整理和使用。

标准三：对检索的信息资源进行综合利用，并在此基础上进行创新，从而产生信息的价值。

（五）信息文化的交流特点

信息文化以信息技术为基础，信息传递便捷、速度快、范围广。这种文化交流上与传统的工、农业文化不同，手段上电子化，对象上凸显全民性，方向上逆向化，内容上丰富化。

图书馆作为主流文化传播的中心，坚持自我立场，巩固充实信息文化资源，全方位融入信息化技术环境，提升信息文化传播能力。

1. 认同并与亚文化交流

亚文化总体上是与主流文化保持一致的，因此必须深入了解亚文化、认识亚文化。在此基础上，正确评价亚文化，并进行对话交流，在此过程中给予积极引导和支持。

2. 强化逆向交流

需求是服务存在的价值，任何服务都是基于需求开展的，评价一项服务的标准即是否满足客户的需求。信息化的高速发展，使得图书馆必须深入思考读者的需求，把长期以来积累的信息文化资源与读者对接起来，打破简单的图书馆借还图书的服务模式，向为读者提供智力支持和综合性文献信息资料的高级服务方式转化，通过逆向交流，发掘图书馆高层次的价值。

3. 改变单边式的交流方式

随着计算机技术的全面提升和互联网的普及，我国图书馆经历了几轮重大变革。首先是以计算机的全面使用为基础的信息化革新，主要包括图书馆管理系统的计算机化、以光盘为主的存储数据化；其次是以建立独立的门户网站为主要代表的图书馆信息查询公开化，逐步建立起了图书馆信息共享网络体系；最后是以数据为基础的图书馆数据存储全面提升，对外服务方式多样化。通过这几个阶段的发展，图书馆在存储和服务信息化方面有了很大的提升，但由于一些历史原因，图书馆服务在很大程度上还是带有以自我为中心的服务劣势，在信息共享和公共服务方面表现不是很突出。图书馆服务面向大众公开化、共享化是必然趋势，互联网时代更加速了这一进程，通过网络建立面向全世界的数据化图书馆。

二、信息文化是一种高科技文化

传统的图书馆要成为信息文化服务的主体，就需继续高科技化，全面采用并适应高科技带来的文化服务方式和内容。

（一）文献传递上——文献电子化

传统的纸质文本借阅很难突破地域限制，而且传递的成本高、风险大、损耗高。信息化时代，文献信息资源电子化，通过网络渠道，能够快速传递，实现文献信息资源的高效共享。

图书馆的服务由最初的手工服务发展到以技术为主的文献传递服务，这是社会发展的结果。在国内，纸质书刊价格也不断上涨，图书馆的经费日趋紧张，图书馆开展电子文献传递也是必然趋势。通过学习和借鉴国外的技术和经验，在网络传输文献方面取得了很大进步。国内文献传递主要有两种方式：一是传统的文献传递方式。是通过纸质文献资料的借阅工作而开展的文献信息传递服务，这种方式主要针对来图书馆的读者，图书馆工作主要是纸质文献资料的收集、分类整理、传递，这是图书馆最基本的服务模式，但有一定的局限性：读者必须在馆内才能享受服务，有严格的时间和服务内容限定；所有工作必须手工，而且有很强的重复性，效率不高；有形资料的选择和采购需要花费较长时间，信息更新慢，读者不容易获取最新信息；这种服务方式有一定的封闭性，每一个图书馆由于地域、组织管理的不同，服务的类型和质量都会受到一定限制，很难完全发挥图书馆资源的效用；从另外一个度来说，这种模式又凸显了单个图书馆资源不足的问题，读者需求越来越多样化，单个图书馆的收藏不能满足其需求。

另外一种是数字图书馆的传递方式。数字图书馆是现代图书馆发展的新阶段，是对当前最先进技术全面运用的结果。首先数字图书馆的资源除了纸质有形文献，还包括各种无形的资源。所有能够承载知识信息的内容都被数字图书馆利用起来，为读者提供多样化的信息查询和获取方式。这些服务方式都是人与信息之间的交互的结合。数字图书馆服务优势是具有资源数字化、特色化、共享化及传递网络化、服务社会化，且图书馆服务地点不分南北、接受服务者不分老幼贤愚，任何人在任何地方、任何时间都能接受到图书馆的服务。

（二）网络服务是人与信息、人与人交互的新方式

读者在数字图书馆中获取信息时，获取信息资源的方向显得更为重要，选择精确的信息查询方向决定了获取信息的效用，因而人们在信息获取的过程中需要通过专业人员或其他人员了解情况，或者咨询一些非文本信息，甚至需要人指导读者才能获得信息。由此图书馆产生了新的服务功能——协作服务，不能再通过规范化的标准服务读者，需要通过个性化的智力资源服务读者，这是图书馆未来的发展方向。

通过读者在网络上的行为，可以总结出图书馆协同服务的主要类型有：一是随时随地的参考服务。图书馆提供信息咨询而且能够与用户一样，理解查询的内容。二是协作性信息开发。能够与用户一起参与到信息的查询和利用中，并且能够为用户提供一些建设性意见和建议。三是协作性信息创造。能够为图书馆或者信息中心创造信息并提供给他人使用。四是同步或异步交流。能够把一些有价值和有趣的议题提出来，与其他人或者专家进行同步或异步交流。这种协作服务模式需要一定的机制或者共同的兴趣爱好才能阻止，而且还需要一些手段，不是任何图书馆都能匹配足够的专家学者资源。

数字图书馆是在传统图书馆基础上的拓展和创新，其核心是在信息资源量、传递方式和利用环境上，这些是传统图书馆是无法达到的。一方面，数字图书馆像传统图书馆一样传递信息资源；另外一方面，提供了更多的传递载体和更

便捷的交互环境，数字图书馆大大拓展了传统的资源存储量和服务范围，是对传统图书馆的一种创新。当然，传统图书馆的服务模式长期存在，二者并存，成为图书馆发展的一道独特风景线。

（三）服务网络化

图书馆网络化已经成为未来图书馆的发展趋势。一个图书馆的网络化程度是图书馆是否发展的基础条件，图书馆的开放程度决定了图书馆的未来。为读者提供无地域、时间和对象限制的全方位立体服务是网络时代图书馆追求的终极目标，当前的数字图书馆正好体现了这一趋势。拥有强大数据支持的数字图书馆，面向全社会提供文献信息服务，服务社会所有大众，使自己成为网络中的一个信息节点，成为特色信息中心，这也是网络化时代图书馆的自身定位。

（四）服务品牌化

每一个行业内都有自己的品牌，品牌化的产品具有较高的竞争力，享有很好的社会声誉，在社会上有很好的知名度和认可度。图书馆通过自身特色、特征或者馆藏，某一个产品或者优势服务，在图书馆业内形成了一种差别优势，这种优势就是品牌。

图书馆品牌服务是指一个或者多个图书馆在长期的读者服务过程中，经过长期积累形成并长期坚持的特色服务。用户欢迎这种特色服务，进而使图书馆的品牌服务成为图书馆的无形资产，其基础是高尚的职业道德、高超的技艺、高质量的服务，在市场上构建了图书馆的认同度、信誉度、知名度，提升了图书馆的附加值，图书馆经过多年的发展，现在非常重视图书馆的品牌化服务。

品牌意味着严格的管理和高标准的服务要求，这是吸引用户的关键点，也是当前图书馆是否能够生存和发展的关键。品牌服务意味着高附加值，必须满足用户的基本需求，让其产生物超所值的感觉。通过归纳，品牌服务可以产生三个方面的效果：一是提升效果。通过品牌化服务建设，促进图书馆改进服务，提升服务品质和服务要求。二是示范效果。通过品牌化服务，带动图书馆馆员以最优的精神面貌提供最优服务，激发图书馆馆员创新动力。三是引领效果。通过品牌化服务，在图书馆行业内以及图书馆馆内，为图书馆发展指明了方向，为整个行业发展注入了活力。所以，用户的认可度和满意度，是决定图书馆未来的基本评价因素，必须以用户为中心，通过分析和组合自身资源，提供个性化服务。同时，通过现代化的手段和数据库，分析研究用户行为，改善服务体系，急用户所急，把优势资源利用发挥到极致，形成业内独特的品牌服务。

既然是品牌，那就具有很强的标识作用，图书馆通过一个品牌可以在用户心目中树立良好的服务形象，在社会中树立独一无二的信誉度，集聚一批忠实的读者。通过品牌，能够开展服务创新，把优势资源通过组合发挥出来，形成业界标杆。

那么，如何来评价品牌服务？首先，品牌服务必须按照图书馆行业的标准服务规范开展读者服务工作；其次，品牌服务不是图书馆的某一次或者某个人的行为，而是一个团体行为，是某个图书馆或者多个图书馆在长期工作中，所有人坚持的某项服务，并且是在与用户的互动中表现出来的；最后，品牌服务本身就是一种许诺，这种许诺一定要不折不扣地执行，并且超越了用户的期望值，使其产生意想不到的效果。

图书馆服务的品牌化，首先是按照业内都认可的标准来对读者开展服务。服务的过程就是一个宣传图书馆本身文化特色的过程。一个图书的服务是这个图书馆员工和规范的外在体现，是整个图书馆工作团队的价值观，是一种集体服务理念，体现了图书馆在长期的工作中所坚持积累下来的图书馆人文精神，反映图书馆员工的精神面貌和对工作的认识层次。图书馆的品牌服务的形成是一个团队共同长期努力的结果，而不是一个员工的某一次行动，甚至是某一段时间的行动。这种品牌服务会随着时间的推移不断拓展，要求会不断提升。

品牌服务的过程中，离不开图书馆的员工，也离不开读者，是在二者的相互作用中形成的。一个图书馆的员工精神面貌、日常工作细节、图书馆的服务规范执行、图书馆员工的及时高标准的执行等，只有服务得到了读者的认可，读者才会将这种认可传递给他人，从而得到更多人的认可，逐步形成一种品牌。现代通信的高度发达，这种信息的传播变得更容易，一个细节、一次服务有可能通过读者的互动成为图书馆的标志。当然，品牌的背后，更多的是默默无闻的努力和坚持。

品牌服务一旦形成，意味着图书馆要付出更多，要不断地改进自己的工作，否则，品牌则可能就是明日黄花，成为一个图书馆无法企及的目标。这和其他任何行业一样，品牌需要保持更新，才能有旺盛生命力。图书馆品牌服务意味着在满足读者的需求上，要下更多的功夫，要寻找更多的服务方式满足读者向图书馆提出的服务要求。首先是让读者感受到自己的需求得到了满足。其次是达到超越服务的一种"满意度"、一种舒适感。

当然，随着现代科学技术的发展，信息内容越来越多，读者也必须充分掌握利用现代信息技术工具为自己服务的技能，通过一些便捷、成本低的方式获取信息资源，合理利用图书馆资源，把图书馆的品牌服务用在"刀刃"上来促进自身知识进步和能力的提高。

三、高职信息文化传导机制

就制度来说，高校构建信息机制大致分为以下几种类型：一是教学工作信息。它包括所有与教学有关的信息，如关于教育教学的法规、政策，新研究成果，在教学课程改革的新进展、其他院校值得借鉴的教学方法、用人单位对学生专业结构的要求、与教学日常工作相关的信息、教学管理工作信息等。二是科研工作信息。其包括：与科研内容相关的前沿进展、科研项目有关的政策法规、科研经费的申报、科研项目的审核和评定、最新的科研成果和进展、兄弟院校的科研进展等方面的信息。三是图书和网络资源信息。图书馆是学校科研、教学与管理等工作的重要组成部分。随着网络技术的发展、普及，重要信息的来源中还包括了电子期刊、视频数据库和教学素材库等。四是招生和学生就业信息。包括国家的政策法规、用人单位对人才的需求量、用人单位对毕业生的要求、招聘信息的发布、对学生进行的就业指导、学生的毕业去向等方面的信息。五是行政工作信息。包括学校、各院系、各行政部门对工作的部署和计划、上传下达的指令、教职员工的招聘和配置、晋升和提拔等人事工作，关于新的政策法规、改革措施的传达、上报、执行等方面的信息。六是后勤工作信息。后勤工作内容繁杂，包括学校的食堂、宿舍、基础设施建设、设备采购和维护等一系列的后勤保障工作的信息。需要注意的是，学校后勤工作在市场经济条件下，已经不再是计划经济体制下的统一计划和管理，而是引入了市场经济机制。因此，增加了信息的随意性和灵活性。七是学生工作信息。它包括学生会、学生社团的信息，学生活动的信息等方面的信息等。

信息机制有效运行的条件包括信息的真实性、全面性、时效性、针对性和信息管理制度。真实性是信息有效性的最基本条件，信息真实性的关键是要在传导过程中坚持诚实的态度，还要保证传导过程中的每个环节不要出现歧义。这就涉及传导过程中的"内部语言"和"外部语言"。在"内部语言"和"外部语言"的转换过程中，要对信息内涵是否准确传达给予关注，保证传达中不能传导不全的信息（减少了一部分内涵）、有歧义的信息（错误的理解内涵）或者多余信息（在转换过程中增加了新的信息）。

信息时效性的重要性。及时的信息会带来最大的效用，反之，过时的信息可能完全无用。所以，信息机制在建立时，要将重点放在多个层面上，保障信息的及时传达。信息的全面性，是指信息包含的各个方面要与决策需求有关。

高校中部门较多，有与教学相关的部门、行政职能部门、科研管理与研究部门等。不同的部门职能不同，所需要的信息也不同。而且，不同学科、不同类型的学校，所需信息的不同也受到科研与教学之间差异的影响。

规范的信息管理制度包括：第一，流程规范。一是信息主管部门的设置和完善，现代高校都有专门的信息中心，该信息中心作为信息管理机构，具有明确的职能。二是整个学校各个单位都参与到以信息为抓手的流程中，充分考虑信息传输的各个环节和各种应答，并制订相关的规定和计划，从而使信息传输按预先的规定或计划进行，并根据熟悉的信息传导的各方面程序进行。第二，责任规范。一是要加强教育，使信息队伍明确信息的重要性、准确性、时效性，梳理信息工作队伍内人员的工作责任感。二是将责任落实到每一个工作岗位。三是从事信息工作的人员要优秀，建立终身学习机制，为工作人员提供学习培训的机会，尽量提高工作人员的业务素质。第三，处理好信息两个通道关系。在信息传递中，纵向通道与横向通道分别担负着不同方面的任务，在通道关系上，要做到互相补充。同时，他们均有各自的优缺点，因此，管理时要采用不同的方法。纵向通道主要靠规范管理，横向通道主要靠其他调节措施来规范和完善。对于非正式通道，如网络上的灰色信息，包括论坛、博客、社团的交流信息等通道，是不能用于规范管理的。因此，需要对非正式通道进行监督与管理。

第五节 高职图书馆的艺术文化

一、高职图书馆建设的物质文化艺术

说到学校文化，人们的意识中自然地展现出学校的建筑、校园环境的布置，同时，也会想到学校长期凝练、积淀下来的校训、校风、教风、学风以及名师、名校友等。学校文化是物质财富和精神财富的总和，是学校在长期的办学过程中所创造的产物，是一种复合的整体，是知识、信仰、艺术等的综合。学校文化不仅具有社会控制和社会化功能，还具有激励和凝聚、熏陶和潜移默化、自律自省和约束、扩散和辐射的功能。因此，学校文化建设要从"物的部分"开始，而学校核心竞争力的形成主要来源于学校文化"物的部分"和"心的部分"，是二者完美的结合。为保持和发展学校文化的竞争力，学校要建立独特的、长久的竞争优势，把握对学校文化结构需求的变化。

（一）图书馆装饰与园艺文化

图书馆装饰在此有两层含义，除了图书馆内的构图和装饰外，也指明装饰需要符合图书馆通风、采光、隔音等要求。

自然环境的美化不仅是技术，更是艺术。其注重的审美意识，注意不同环境要素之间的协调性，通过大小、明暗、动静、曲直、聚散的对比，构建和谐美好的环境，给人带来愉悦和欣赏的情感。而图书馆内的装饰、通风、采光、隔音等物理因素所采取的措施，则更多的是营造阅读环境，满足读者的生理要求。对于自然环境的美化，自古以来，我国就有很高的要求和独到的理解。古代的藏书楼建筑多是顺应着周围自然环境而建造，如明代所建的天一阁，建筑讲究，用料精细，构造精巧，庭院幽雅。

（二）园艺与绿化

城市住宅不能缺少的三要素，分别是阳光、空气、绿化。绿是人类生命的欢乐和希望，草是绿中最舒坦的，能够带给人安稳、闭适豁达的意境。绿化是建筑群体环境的最根本要素。除了美化环境，绿化还能增强艺术效果，改善小气候，净化空气，降低噪声，调节气温，防风减沙，减少污染，能使人有接近大自然的意愿，陶冶人的性情。

图书馆外部环境绿化的设计和建设，往往通过一些点、线、面相结合的使用，让图书馆成为每个部分都相互融合的一个整体。

（三）图书馆园林

图书馆内除了绿化以外，建筑外部的空间也要充分地利用，可建造一个个大小不一、造型各异、风格独具的园林，从而为读者提供读书、休闲的优美环境。

第一，充分利用地形，结合地貌，精心保留每一座山、每一丛树木，都将其纳入到建筑环境设计中去，使图书馆建筑与周围环境水乳交融，相得益彰，构成一幅立体画。

第二，利用水体来点缀环境。水体能够抑制尘埃蔓延、湿润空气、调节气温，而且水面可反衬出图书馆周围环境的幽静。

第三，巧用园林雕塑和园林小品。将雕塑、叠石、喷泉、水池与绿地、树林有机地结合，让雕塑与环境互为衬托，相映成趣，使环境具有自身独特的个性，又与整个图书馆建筑相协调，形成一个完美、和谐、优美的图书馆自然环境。

园林绿化很多人认为是一种多余，甚至是一种浪费，其实不然。优美的图书馆环境能够展现一个图书馆的整体形象，体现一种优美的外部氛围；而且读者在图书馆学习，身心疲劳之时，能够有青山绿水的陶冶，能够消除疲劳，产生清新舒适之感。园林绿化也成为吸引读者的一个重要方面，试想一个处于闹市，又无任何绿化的建筑物中，阅读看书是一件无法想象的事情。

二、图书馆布局

图书馆布局要从静态和动态两个方面来考虑空间的划分。在静态空间上，图书馆内可分为读者阅读活动、图书馆内部工作和办公空间三个部分；在动态空间上，存在三条相应的路线，即读者路线、文献流通路线和管理人员活动路线，进行图书馆布局时，要理清并处理好静态的三个空间的相互关系和动态的三条路线的相互关系，这样也就抓住了关键，掌握了使用功能划分的核心。

（一）图书馆布局原则

图书馆布局的两项基本原则如下：

1.体现方便读者的原则

图书馆的布局是根据馆藏需要和读者的阅读习惯、阅读心理精心设计的。出发点是增强读者的方便性，使读者迅速地获得其想得到的服务，从而使图书馆的功能最大限度地发挥出来。现代图书馆多采用大空间布局，利用很大的空间开展图书的藏、借、阅工作，为读者提供便利和开发互动，拉近同读者的距离，体现图书馆的人文意识。

2.体现发展的原则

现代科学技术突飞猛进，这使得图书馆必须随时而变，不断调整，才能够适应社会发展的步伐，也才能满足读者日益发展的需求。体现在图书馆的空间上，就是布局的调整。传统图书馆阅览室占据着最大范围的空间，然而随着数字资源的增多，图书馆不得不开辟大的空间建立数字阅览室，而随着无线互联网技术的发展，图书馆无须提供大批量的上网阅读设备了，只需要提供便利快速的上网入口即可。传统的阅读空间再度与电子阅览空间融合，逐渐成为一体。因此，图书馆布局不能一成不变，而要体现现代意识，体现发展的原则。

（二）图书馆布局发展

随着互联网的发展，图书馆在布局上也产生了一些变化，以往的图书馆采用方便查阅与阅读的布局，现在图书馆除了一些原有的布局，还会增加一些方便读者使用电子工具阅读和自我学习的设置，增加相应的插口和网络连接方式，同时每一个图书馆都配备了相应的电子阅览室。

图书馆布局通过门口明显的标识牌告之读者，或者通过图书馆手册为读者进入图书馆、利用图书馆提供最优指示和建议，方便读者以最短时间了解图书馆，利用图书馆。

三、图书馆视觉识别

图书馆视觉识别是图书馆理念的物化表达方式，是重要的形象识别方式。视觉识别涉及的范围包括了一系列视觉识别方法与手段，如标志、标准字、象征图形等。作为图书馆物化形象的识别手段，可以将视觉识别看作是图书馆自然环境的组成部分。

视觉是人感知外界、获取信息的主要渠道。视觉标识应体现图书馆本身的特色，强调图书馆的核心服务特色或者理念，在图书馆的服务标志、指示标志、图书馆借阅证、工作证等元素上体现出来，凝练出能够代表图书馆的标识体系，使其成为一个个性鲜明的整体。

具体而言，图书馆视觉识别要体现出以下几种意识。

（一）人文意识

图书馆视觉识别作为图书馆理念的物化表达方式，充分体现出图书馆"读者第一，服务至上"的理念。图书馆的视觉识别在读者心中树立了图书馆的形象，这是一种公众形象，使读者从视觉感受到图书馆的环境和氛围。因此，图书馆的视觉识别要充分考虑社会利益和读者利益。

（二）现代意识

图书馆既是文化服务机构，也是文化教育机构，必须履行保存文献信息资料，进行社会文化教育活动的组织功能，这是发展生产力和先进文化的必然结果。图书馆视觉识别要体现出这种要求，就必须表现出现代意识。

（三）审美意识

视觉识别本身是以设计作为基础的。视觉形象是设计出来的，但视觉识别是天然的，具有审美的意义，其最基本的审美要求是美观、协调、大方、得体。从宏观的意义上看，图书馆内外的一切物理要素、自然要素，都可纳入到图书馆视觉识别系统中。从整体上看，这些要素融洽和谐，反映出图书馆的物理形象，也反映出视觉识别的审美意义。

（四）地域意识

不同的图书馆所处的地域不同，因此各具特点。图书馆的视觉识别要表现出所在区域的经济和文化特点。经济上可以挖掘本地特色产业、特色产品等。总之，与众不同的地域特色能够成为图书馆视觉识别反映的对象。

（五）个性意识

图书馆视觉识别必须突出图书馆的个性。图书馆的类型、级别、地域、特色不同，在表现识别时要找对自身的特点，突出自身的优势，针对性地表达出视觉形象，在众多图书馆中，表现出自己的个性，给人一种更强烈的视觉印象。作为图书馆形象识别的一种方式，视觉形象识别的主要作用是能够将图书馆的文化内核通过多种形式展现出来，形成统一鲜明的、读者能够快速接受的信息，从而提高馆员的工作积极性，增加图书馆的凝聚力；协调图书馆与公众的关系，提高图书馆的知名度与美誉度。

第四章 高职图书馆参与校园文化建设现状

第一节 高职图书馆在校园文化建设中的作用

21世纪,人类步入了知识经济时代,科学技术作为先进生产力,改变着人类的一切行为。尤其是计算机和互联网的普及,更是冲击了各行各业。图书馆是知识高度集中的信息中心,自然免不了受到这种变革的冲击,知识经济时代的图书馆发生了太多的改变。高职图书馆因为其特殊性,本来就是校园文化建设不可缺少的一部分,而且还发挥着重要作用。

高职图书馆不仅是服务机构,而且还是教育机构。从大学校园文化的四个结构层面上看,图书馆是大学校园文化的重要组成部分,为校园文化活动提供了必要的条件,是校园文化建设的重要阵地。

一、馆藏文献资源在校园文化建设中的作用

在图书馆的基本构成要素中,图书馆文献资源是其中之一,其具有丰富性、多样性,同时具有历史的连续性、现实的时代性,能全面地支持校园文化,为校园文化服务。在文献资源建设中,其必须与学术性、学科性紧密联系,因为学术性和学科性是校园文化的本质属性,离开了这两点,图书馆文献资源的建设就是舍本逐末。因此,图书馆文献资源对校园文化是否能够有效开展产生直接的影响,并影响校园文化的整体发展态势和发展水平。图书馆要以自身的任务和读者需求为依据,有层次、有重点地组织文献资源,使读者通过阅读涵养自身,培养其创造的欲望和活力。与此同时,除对馆内现有文献资源加以充分揭示、报道和提供给读者外,更重要的是利用现代化设备,开发外部资源,为读者提供一个信息量大、开放式的学习环境。同时,让读者在更有效地利用已

有文献信息资源的同时，也要及时更新新开发的信息资源，尽力创造条件，提供高质量的信息资源服务，更好地满足读者需求，使图书馆成为校园文化的积极参与者。

二、图书馆自然环境在校园文化建设中的作用

校园文化环境，首先是一种物化的文化，这种文化对人的思想、感情的形成具有滴水穿石的潜在影响力。很多大学图书馆建造位置多是校园的中心，建筑典雅，气魄宏大，作为校园的重要景观，是校园里一道亮丽的风景。正是这些优雅的环境、富有艺术感染力的现代化馆舍建筑、先进的设备、丰富的馆藏文献、科学的管理、完善的规章制度和优良的服务，营造出了图书馆美的文化氛围，吸引了更多的师生。师生们在知识的海洋中遨游，汲取知识，在感受美、欣赏美的同时创造美。

三、图书馆文化氛围在校园文化建设中的作用

良好的校园文化能够促使大学生形成良好的行为习惯和高尚的道德准则。作为大学生校园生活的重要组成部分，图书馆是大学生学习文化知识、交流思想感情的重要场所，是校园内的重要公共区域。图书馆内安静的环境、良好的秩序能够培养大学生良好的公共道德，使大学生建立互相尊重、互相理解的为人态度，建立良好的人际关系。因此，图书馆提供的服务中，有义务维护这个公共区域的安静和谐。各高校图书馆都在尽可能地改进服务，为师生提供更好的物质条件，创造浓郁的文化氛围，最大限度地满足师生的需要。

四、图书馆制度文化建设对校园文化建设的作用

图书馆是学校内公共性的独立机构，在服务功能上，甚至超出大学的范围，对社会产生了影响。图书馆代表的是大学的形象，被认为是大学水平的重要象征。图书馆的特殊性决定了其制度文化建设的重要性。图书馆制度文化涵盖了图书馆价值观念、精神与职业道德要求，不仅符合大学的要求，还符合公共机构的要求。图书馆制度文化展示出的是大学的办学理念，因此，图书馆在为学校师生提供服务的同时，还展示出尊重知识、尊重科学的精神，表现出开放的思想学术态度等价值观念。当今图书馆的基本价值取向不是收集保存文献，而是通

过为读者提供最好的服务，满足读者对文献信息资源的需求，承担传播知识的社会责任，实现对人类发展的人文关怀精神，使读者在图书馆感受知识的力量，认识人类文明。大学图书馆服务制度是否完善，对图书馆服务功能价值影响的深度和广度产生直接的影响，并对图书馆整体价值观和图书馆服务理念产生影响。图书馆制度也影响图书馆馆员的价值心态，只有在图书馆制度完善的基础上，才能实现图书馆价值目标的升华。图书馆是学校教育目标实施的重要基地之一，是校园物质文化表达的场所，图书馆自身的制度文化应该最大化地体现出校园物质文化设计意图。完善、合理、规范的图书馆制度能够提升学校的办学理念，因此，图书馆要根据岗位的服务性质、目标，馆藏文献、馆藏规模、设施设备等技术条件和服务环境的不同特点，制定符合自身情况的规章制度和管理方法，并使其符合图书馆开放性、时效性、共享性信息服务的要求。

五、馆员优质服务在校园文化建设中的作用

在信息时代的今天，图书馆引以为荣的资本已经不再是图书馆的规模和藏书数量。如何提高文献资源的利用率，优化资源配置，实行资源共享，提供优质服务，才是图书馆可持续发展的前提。

六、决策反馈信息与校园文化建设的互动关系

图书馆有一个专门负责图书的选择和文献信息资料收集的部门——采编部。在图书馆和文献信息资料采购之前，他们都必须制定出图书或者数据库的采购建议。这对于他们来说，是一个决策的过程，然而这种决策一旦决定后，就会有一个信息反馈。主要包含两个方面：一是决策执行过程中，会有服务提供方，如出版社反馈的信息；二是计划执行过后的反馈，如大家对图书馆采购图书的认识或者评价，这些反馈都对图书馆的决策水平产生作用。这对于校园文化建设来说，也是一个可以提升的重要因素，并有利于形成科学决策流程，实现科学决策目标，减少决策失误。

第二节　高职图书馆参与校园文化建设的问题

一、图书馆馆员很难适应校园文化建设的主体地位

图书馆的各项服务中，图书馆工作人员是服务的主体人员，承担着高等学校科研服务、培养人才、社会信息服务的任务。因此，为了提升服务水平，必须对图书馆工作人员进行培训，这样才能不断提高他们的工作能力和水平。但是，在现实的工作中，图书馆参与校园文化建设方面的工作，还需要加强。

（一）高职图书馆馆员和读者之间的不和谐关系

图书馆馆员不仅是传递人类文明的使者，而且还是最重要的教育工作者。他们通过辛勤劳动，积极为读者介绍馆藏、解答咨询、传递信息，教给他们获取知识的方法和手段，同时还提供便利快捷的服务，使读者能够在图书馆获得很好的服务，享受到精神食粮。因此，图书馆馆员的素质、知识水平和服务素质直接影响到大学生的行为和价值观，代表着图书馆的形象。正因如此，图书馆馆员也是学校行为的榜样，读者与图书馆馆员之间应当和睦相处。在工作中，图书馆馆员应及时回复和有效解决读者的问题。但实际工作中，因为各种原因，图书馆馆员和读者之间的关系并不是那么融洽，还会出现一些纠纷或者矛盾。这既损害了图书馆的形象，又影响了图书馆的正常工作和读者的学习。

图书馆馆员的职业道德水平直接影响图书馆的形象，读者对图书馆的评价以及读者利用图书馆的效率。校园矛盾产生和出现的原因是多方面的，而图书馆馆员自身的素质不能与校园文化建设者的主体地位相适应，无疑也是校园矛盾产生的主要因素之一。

（二）馆员队伍建设应得到进一步加强和提升

1. 图书馆馆员队伍中的专业人才缺乏

计算机技术的发展和广泛运用，深刻影响到图书馆的发展，特别是在信息的获取、加工、存储和利用方面的便捷性和准确性。这种影响所带来的是管理

思想、管理方式、管理手段、管理内容、评价机制等革命性的变化。在现代信息社会条件下，对图书馆及其馆员的专业知识和能力提出了更高的要求。

（1）目前的图书馆基本上所有的岗位和部门都已经实现了自动化办公，而且随着无线网络的发展，自动化和计算机使用程度更高，网络业务也逐渐增多，通过计算机和互联网为读者提供服务是工作人员的必备技能。同时，针对使用计算机和网络图书馆服务产生的一些新问题，要及时应变，采取相应的措施。

（2）需具备一定的外语水平。中国高等院校的国际化程度越来越高，大量的留学生进入中国高校学习。同时，要对计算机和网络技术深入掌握，就必须拥有一定水平的外语，这样才能利于自身的发展和更好地为读者服务。

（3）互联网的发展导致所有的图书馆已经不是一个封闭的、地域性的图书馆，而是互联网上的一个信息节点，反过来，图书馆收集资源也由传统的收条方式发展到利用整个互联网，进而从中发现适合本馆的资源。因此，图书馆必须具备一批掌握在网络环境下发现信息、搜集和整理加工的技术能手，在互联网这个信息环境中，寻找到图书馆的一席之地。

（4）互联网条件下的图书馆服务对象不再局限于某一时段、某一区域，而是面向全世界。这就要求图书馆要通过自身特色资源尽可能地吸引读者。但当前高校图书馆，普遍存在的问题是图书情报专业人才的缺乏。一直以来，高校图书馆发展过程中，缺乏对图书馆的地位和作用的深刻认识，导致未高度重视图书馆专业技术人才队伍建设，甚至一些学校将图书馆作为安置人员的去处，认为图书馆馆员工作的主要内容是处理借书和还书，从而使当前图书馆缺乏图书馆学、信息学、档案学、计算机、网络管理等方面的专业人才。同时一些图书馆的很多岗位的人员不具备任职条件，使具有专业技术的人才很难到图书馆工作。总之，当前图书馆工作人员面临的是"三少"问题：图书专业人才少、高学历人员少、高职称人员少。虽然图书馆被视为高校三大支柱之一，是学校文献信息的中心，但实际上，图书馆工作未得到社会应有的承认和尊重。通常，人们认为在整个学校的组织体系中，图书馆属于教学辅助部门，属于从属地位。与从事教学科研的教师相比，馆员不仅社会地位低，而且待遇也较差，属于学校的低收入群体。乏味的图书馆工作及相对较少的岗位，使图书馆馆员产生了强烈失落感，他们多认为在图书馆工作很难实现自我人生价值，而这种认知的出现，又对馆员的工作情绪产生了负面影响，降低了馆员工作的积极性，结果造成图书馆人才流失现象严重。大多数人将图书馆作为寻找理想工作的跳板，如果有其他机会，都会首先跳出图书馆的工作岗位。长期以来，图书馆一直未建立一个适合本行业的人力资源管理制度，在对人员管理和配量上，不能摆脱"人为"因素的干扰。图书馆专业缺乏技术人才，很多图书馆管理人才专业的技术水平和知识水平不能达到岗位要求，这无疑影响了图书馆的服务水平。因此，很容易引发图书馆馆员和读者的矛盾冲突。

2. 知识结构不合理

高校扩招以后，高等院校在招生规模上也不可同日而语，而且所有的高校都会加大对图书馆的建设和投入。一般情况下，图书馆作为高校的象征，应该会放在首要地位，如馆舍的建设。图书馆建设步骤的加快，接踵而来的就是硬件设施和管理问题。首先想到的就是引进各种先进的设备，同时，高校专业开始的综合化倾向，使得图书馆必须为读者提供全方位的服务。但是，在软件设施上，如图书馆馆员的知识结构问题，大部分还是处于一个很低的层次，而且，很多并不是专业人士，知识结构也不合理，很难适应为科研和教学服务的重任，这就影响了校园文化建设。

二、高职图书馆不具备物质文化建设的理念

图书馆文化是高等院校图书馆馆员和广大师生员工所创造的精神文化和物质文化的集合，这些物质文化和精神文化是从建校以来长期积累形成的。文化形态上，图书馆文化包含物质、制度和精神文化等。物质文化主要指图书馆的基础设施以及文化载体，包括纸质有形的和无形载体。制度文化主要是指图书馆在长期的管理过程中建立的各种制度和规范性内容。精神文化是指图书馆在长期发展过程中形成的精神风貌和文化氛围，包括但不局限于图书馆全体成员在长期工作中形成的思维方式和风俗习惯等具有外显性的文化形态，这是一个图书馆最核心的内容，也是一个图书馆区别于其他图书馆最根本的内容。

图书馆文化是一所图书馆精神文化的物质载体，也是图书馆综合实力的外在体现，主要包括馆藏文献、各种配套设备、阅读设施、信息网络终端、图书

馆内部的各种实体布置、校内的各种文化活动等，还包括馆内的阅览环境和文化氛围的软环境。有形和无形是一个统一体，图书馆的物质文化在图书馆文化中占有很重要的地位。图书馆的物质文化环境应当具备德育、智育等诸多育人功能。但目前来看，很多高校在图书馆的建设和管理过程中，忽略了这一基本层次的建设。

（一）图书馆建设中缺乏"以人为本"的理念

从图书馆最基础的馆舍建设来说，建筑是人与社会交互形成的物质载体，建筑作为一种独特的语言，表达着建设者的艺术精神、文化哲学观念以及他们的人生观、世界观，包含了设计师对认识世界和改造世界的态度，世界上各个地区的建筑风格，都体现着这一文化理念。图书馆是人们学习知识、了解世界的场所，具备知识的传播性和文化的广泛性。这种文化特性，使得图书馆建筑也具备这种特点，它受到了社会上各行各业的关注。一个图书馆代表了一所高校的特点，一座社会图书馆体现一个地区的特点。正因如此，很多图书馆建筑成为地区或者高校的标志性建筑，成为文化窗口和文化标志。图书馆建筑既是一种美的享受，更是一个精神的象征。这是校园文化的一部分，应体现"以人为本"的服务理念。

1. 高职图书馆建筑在校内的位置

图书馆读者群体相对集中，图书馆文献阅读率较高，读者进馆时间相对集中。所以，关于图书馆建筑选址，要考虑以下问题：是否方便读者借阅，是否有利于文献的保存，是否有利于采光，是否有足够的绿化区域。从这些原则上考虑，就能够体现出图书馆建设是否是以人为本。

2. 图书馆建筑设计理念

图书馆对所有的人群开放，包括老人、小孩、残疾人等特殊读者群体。这在图书馆建筑的设计上就应当有所体现。反观现在的图书馆，虽然在建筑的外观和内饰上花了很大的代价，但在文化细节上面，可以说基本上没有考虑到，更不用说这些特殊群体是否可以进入到图书馆借书阅读学习。即使有些图书馆有这样一个开放包容的心态，由于功能设置的不足，特殊读者群体是否可以进入到图书馆，尚是一个比较复杂的问题。比如图书馆一般会设计逐层台阶进入到图书馆，这种设计有其独特的优势。首先是地势较高，不容易潮湿，可以较好地保存图书文献。另外一方面，可以寓意人类文化知识的积累和追逐知识高峰的路径。但是也存在着明显的问题，首先是影响了图书馆建筑的社会亲和力，给人一种高高在上的感觉。其次是不方便读者进出图书馆，尤其是特殊读者，在天气特殊的季节，容易滑倒，存在一定的安全隐患。在图书馆的设计上，要配置残疾人专用的设备，便于残疾人访问、使用馆藏资料，减少残疾人移动时的障碍，尽量使残疾人在馆内能够接受优质的服务。

（二）文献信息资源与读者的需求矛盾

在网络环境下，图书馆的资源概念突破了传统的概念，由仅仅局限在"借藏"的范围，扩张到整个网络。在此情况下，信息资源的总量极大丰富，而这种信息资源也构成了图书馆资源的重要组成部分。当前，我国图书馆的文献信息资源包括中文图书、期刊和电子文献。图书本身具有知识系统性强，内容完整，利用率高等特点；期刊的知识内容更新较快，内容新，传递速度也快，反映了国内外知识信息热点，是科研工作不可缺少的部分；电子文献拥有的数据存储内容多，更新快，检索方便及时，是当前教学和科研工作必不可少的部分，同时电子文献也是国内了解世界前沿知识的最便捷、最快速的途径。高校在发展过程中，都非常重视后两种文献的建设，有效地弥补了国内高校图书馆的短板，缩小了与一些世界高校的差距。尽管如此，读者的需求与图书馆文献信息资源之间还存在着不小的差距。

三、高职图书馆精神文化建设中科学和人文精神的不足

一个社会或组织的文化，是由物质文化、制度文化和精神文化三个层面的内容构成的。其中，物质文化是制度文化和精神文化的基础，制度文化是一个中介和载体，精神文化是整个文化的灵魂和核心。在图书馆文化中，精神文化是图书馆的内在，无形之中引导了图书馆的发展，对整个图书馆服务过程中所呈现出来的精神面貌和图书馆整体文化有非常重要的作用，也是图书馆建设和发展的必需内容和必然趋势。

（一）图书馆精神文化的含义

图书馆精神文化是在特定历史条件下，在长期的教学、工作和生活等多方面的实践中逐步形成和发展起来的，是学校师生所认同的一种群体意识。它包括学校的办学指导理念、发展方向、价值观念、道德规范、学术氛围、治学风格以及学校的传统作风等。积极进取、健康向上的校园精神文化，是规范和指导教师和学生思想行为的无形力量，同时又对提高个体成员的思想道德素质、陶冶高尚情操，激励师生员工热爱学校、建设学校的责任感以及对推动个体师生员工勤奋学习、努力工作的积极性、创造性，有着不可替代的重要作用。图书馆精神文化是高校精神文化的重要组成部分，又具有图书馆的独特风格。图书馆精神文化是在校园精神文化长期影响下和在图书馆长期工作实践中形成的稳定的思想观念、价值取向、管理行为和社会声誉等，其核心是图书馆的精神。程焕文先生总结的图书馆精神有五个要点：一是自尊、自信与自强精神；二是自爱、自豪与牺牲精神；三是吸收探索、改革与创新精神；四是读者至上精神；五是嗜书如命的精神。图书馆精神包括：图书馆事业精神、职业道德精神与科学精神三个层面。图书馆事业精神是指人人享有平等使用和利用图书馆的权利，免费服务是这项权利得以履行的保障；图书馆职业道德精神是指图书馆工作人员在服务读者的过程中，表现出的"爱国、爱馆、爱人、爱书"的无私奉献精神，体现"热爱工作""优质服务"的工作理念；科学精神是指图书馆及其工作人员重视科学技术的作用，强烈主张利用科学技术来推动社会发展，强调务实合作。图书馆精神内容包括几个方面的内容：以人为本，服务至上的人文精神；静至理性，追求真理的科学精神；与时俱进，不断创新的进取精神；敬业乐业，矢志不渝的奉献精神。林汉城提出，图书馆精神包括四个方面内容：敬业奉献的职业道德，勇于探索的创新观念，敢为人先的竞争意识，具有凝聚力的团队精神。贯穿图书馆中的基本思想、准则、观念、价值观称为图书馆的精神内涵，或精神气质。现代图书馆的精内涵大致包括：开放、平等和友善、知识处理、依法管理、永久保存文化、致力国民教育、标志文化水平。也可以把图书馆职业精神理解为一个社会的图书馆专业人员共同坚守的原则和信念，蕴含在图书馆职业的核心价值观中，是职业行为规范的基础，也是凝聚职业各部分（实践、教育和研究）的精神力量。图书馆精神主要是由各方认同的开发精神，爱国爱民的精神，爱馆敬业的奉献精神，求真务实的科学精神，宽众博爱的人性精神，锲而不舍的进取精神，不断创新的创造精神。有学者认为，图书馆精神可以分为两类，一种是表现于图书馆服务与科研之中的精神，即图书馆学科精神，强调理性与实践的关系；另外一种是贯穿于图书馆事业和图书馆工作中的行业精神，即一种表现行业风貌和特征的精神，一种积极进取的精神。

（二）图书馆精神文化建设中缺乏科学精神和人文精神

科学精神包含着四个方面的内涵：主张公平竞争，在真理面前人人平等；认为科学精神主张实事求是；科学提倡怀疑精神；科学提倡无私无畏的奉献精神。科学精神实际上主张平等公正、实事求是、探索求知、崇尚真理、勇于创新和奉献的精神。21世纪以来，科学与技术快速发展，极大地促进了生产力的发展，不断地改变着人类生产和生活方式。同样，科学和技术也在图书馆里得到了广泛的应用，不断推动图书馆的变化与进步。特别是当代信息技术的发展，给图书馆工作、管理和思维方式带来了革命性的变化。首先是在信息资源收集方面。信息载体多样化，各类数据库、视频资源、电子图书和期刊、网页等层出不穷，结束了印刷型文献一统天下的局面。使电子信息资源以其信息储存量大、检索便捷等优势成为图书馆重要的收藏对象。其次是在信息加工方面。计算机编目程序的推行，不仅减少或替代了重复机械性工作，而且还提高了编目质量，实现了编目标准化与规范化，从而使联机和联合目录成为可能。再次是在信息获取方面。自助图书借还系统使图书的流通变得十分便捷，大大减少了馆员的工作量，而且网络信息检索与电子文献传递使信息的获取突破了时空的局限。最后是在信息贮存方面。计算机存储技术使信息存贮"虚拟化"，图书馆能在有限的空间容纳更多的资源，图书馆还可以直接通过网络利用全世界可给本馆使用的信息资源。理论上，图书馆的空间是可以无限扩大的。现代科学技术发展需要图书馆各方面的工作能够适应历史条件的变化，迎接时代的挑战。

第一，图书馆应当倡导民主和平等的精神。目前，受制于现时体制影响，我国高等院校仍沿用着传统保守的人事管理体制。作为图书馆的领导者，馆长和副馆长是领导岗位，他们管理着各部的主任（部长）。各部的主任（部长）

主要向图书馆的领导负责。图书馆的工作人员作为图书馆的主体，他们几乎在图书馆承担着所有工作，他们也是图书馆面对读者的主要力量。如果图书馆工作人员缺乏应有的尊严和价值，他们就缺乏工作的动力。在工作中，会降低服务质量，甚至与读者产生矛盾。图书馆内部没有形成民主与平等的精神，而且图书馆工作人员也没有形成平等和民主的意识。这是图书馆管理中最突出，也非常需要解决的问题。

第二，图书馆缺乏崇尚科学的态度和意识。科学技术已经渗透到经济和社会生活的各个领域。一方面，这成为经济高度发展的新动力，很多地方成为经济发展的主力，极大地解放了生产力，成为社会进步的决定性力量。随着知识经济的降临，科学技术在社会经济发展和社会建设的作用越来越重要。一个普通的图书馆工作人员，可以说他是图书馆馆员对科学技术认识的典型代表。可以发现，图书馆虽然强调样式和技术的重要性，但是，在排序认定科学和技术重要性的时候，优先强调的是计算机技术发展和技术人才对图书馆发展的重要作用。强调了技术的作用，但首先还是把技术手段展现在作为科学技术掌握者——人的前面。这足以说明了我国图书馆学界一般工作人员注重的还是技术物质层面的东西，而忽视了技术的主体——人在科学技术发展中所起到的重要作用。

第三，图书馆作为重要组织部门，需要形成良好的组织文化。但是，图书馆管理者在实施管理过程中，并没有足够地重视培育馆员的共同团体价值观、良好的团队意识和合作精神，结果造成图书馆馆员思想涣散，对图书馆不能产生亲和力和归属感，凝聚力减弱，也很难在工作中体现出无私奉献的精神。同时，由于图书馆馆员大多长时期从事同一种工作，难免产生职业倦怠，导致了部分馆员的职业道德低下，甚至出现粗暴地对待读者的现象，引发馆员和读者之间的矛盾。

目前，国内相关图书馆技术方向的研究较多，人文精神和人性关怀的研究较少。科学技术让图书馆的所有工作都可以用技术来代替，图书馆的任何发展和变化都被新技术的进步所代替，人们被新技术带走了注意力。这种对新技术的追求，却忽视对人文精神的关怀，忽略了人文精神对一所大学带来的来价值。

图书馆的管理者只认识到了技术的重要性，任何问题都通过技术去解决，在图书馆学研究和教育中，图书馆技术研究已成为炙手可热的领域。比如研究者过度关注技术和计算机的运用，以至于图书馆学内容几乎成了计算机讲台。在图书馆的各种报刊发表的文章中，关于新技术在图书馆的应用占据了大量版面。相反，对人文精神的研究和研究成果却很少。

第四，图书馆高度重视硬件建设，忽视软件投入。目前，图书馆学界非常提倡图书馆的现代化建设。但是，人们常常把图书馆的基础设施的完善程度、计算机自动化管理程度和图书馆面积大小比重作为衡量图书馆现代化的重要标志。这种认识说明人们重视图书馆硬件设施建设，而忽视了软件设施在图书馆中的重要地位。图书馆的基础设施、计算机自动化管理和新兴业务等要素的确是图书馆现代化的重要基础和指标，它们也是构建图书馆现代化的硬件或构建物质文明的要素。从某种程度上来讲，图书馆的硬件条件反映了图书馆科学技术的应用程度；同时，图书馆的软件条件则反映出图书馆的人文精神。当今高校图书馆建设中，大多数高校过度重视硬件设施建设，忽视软件基础的投入。高校软件条件建设中最主要的是人力资本的投入。图书馆的人力资本投入大致可分为四个部分：维持人力资本力量、后备人才资源储备、人力资源素质的提高与发展、人力资本配套设施的投入。维持人力资本力量的投入通常表现为学校支付现有员工的工资、奖金、医疗保险及劳动保障等。人力资本的配套服务设施投入通常表现为人力资本配套支持的科研经费投入、住房宿舍的投入以及相应的仪器设备的投入等；人力资本的提高与发展的再投入反映为学校提供的人力资本的各类行培训、深造的投入费用。后备人力资本的储备投入则是学校着眼未来，预先投入的各种人力资本的费用。各项人力资本的投入中，图书馆最重视的是维持人力资本的投入、人力资本的配套服务设施投入。而未能重视人力资本的提高与发展的再投入和后备人力资本的储备投入。这种投入倾向反映了图书馆建设对软件投入中的硬性条件重视程度，而忽略软件建设、软性条件的投入。因此，在图书馆中出现了不少人才在实际工作中专业不对口、大材小用、人才闲置的问题；也存在着后备人才严重不足的问题，这个也降低了人力资本的投入产出效益，也浪费了图书馆中有限的教育资源。

最后，读者的硬性管理代替不了人性关怀。人们制定规章制度的目的是要让人不犯错误，犯了错误就要接受处罚。过去的制度缺乏人文主义精神比如图书馆部门在安排馆员工作时，没有充分考虑其个性和特点。如是否通过调查，根据其兴趣和特质确认馆员是否适合岗位的要求；是否对此工作岗位具有较高的认可度；是否建设性考虑图书馆馆员的家庭和其他社会因素对其的影响；等。综合来说，就是要从整体上做好图书馆的工作安排和布置。

第三节　知识经济时代高职图书馆
文化建设面临的新挑战

一、知识经济与校园文化

知识经济的产生和发展取决于全世界经济发展的进程。通过经济学家的观点来改造社会，最早可以追溯到亚当·斯密（Adam Smith）的《国富论》，通过知识来服务于经济发展，肯定了知识对于经济发展的强大作用，而且提出了对教育的投资能够获取收益的思想。这之后，有学者强调了社会的基础设施和公共机构通过创造和传播知识对发展生产力所起的重大作用。新的科技革命不但影响到了经济学家，更引起了社会学者和未来学家的特别关注，他们从社会生活、社会结构和未来社会的深层次变化探讨知识在其中的影响和作用。知识文化是引起大规模力量转移的原因或部分原因。当代经济方面最重要的事情是创造一种财富新体系的崛起，这种体系不再以体力为基础，而是以脑力为基础。因此，可以看出，知识经济产生，并且其在改造社会中的作用越发体现，并得到了社会的认可。

二、知识经济的含义

经济合作与发展组织认为，知识经济是建筑在知识信息基础上的经济，是以知识和信息的生产、分配和使用为直接依据的经济。知识是提高生产效率和实现经济增长的驱动器。将知识经济归为四大类型：

（1）什么是知识经济？是关于事实方面的知识，记载的是事实和数据。

（2）为什么是知识？关于自然原理和规律方面的内容。

（3）知识是怎么产生的？关于某事物的技能和能力，一些是诀窍、个人技艺或者工作能力，很难完全转变成有文字记载的知识。

（4）怎么知道是谁的知识？即关于谁知道和谁知道如何做某些事的信息，这类知识对企业管理和经营决策很重要，需要通过社会关系网络来获得。

其中前两类知识，比较容易就可以进行编码，可以通过读书、听课和查看数据库而获得，称为归类知识。信息即是指知识中的前两类的范畴，可见知识的概念要比信息范围宽得多。而其他两类知识，主要靠实践积累，更多的是没有记载的经验知识，称为沉默知识，数字革命让更多的沉默知识出现在网络上，并改变了在经济的知识储备中归类知识对沉默知识的份额。这样看来，知识经济里的知识中，既包含了我们经常所述的知识和能力，同时又包含科学和技术方面的知识，即这里的知识包括科学、技术、能力和管理等，这样在知识经济中能力方面的知识显得更为重要。

三、知识经济的特征

知识经济的特征是：知识经济是制造业和服务业一体化的经济；知识经济产生的技术条件是电子信息革命；经济形态由加工转向服务；生产方式朝着分散化、非标准化方向发展；知识经济的发展使资源和财产重新转移和分化；知识既是生产要素，又是生产方式；在知识经济时代，社会主体、知识经济使传统的经济学原理发生变化；管理模式发生重大变化；学习将成为人们生存和发展的第一需要。

四、知识经济对图书馆的要求

随着知识经济的兴起和发展，图书馆也由传统的图书馆向现代图书馆转变。虽然图书馆有其固有的发展方向和历程，但是现代图书馆沿着电子图书馆、数字图书馆的路径向智慧图书馆的方向迈进，成为学界的共识。知识经济时代将有助于这一天的尽早到来。

（一）知识经济对信息科学技术的要求

21 世纪是信息时代。信息科学技术是研究信息的生产、采集、存贮、交换、传递、处理及利用的新兴学科。可以预见，随着微电子、卫星通信等科学技术的进步，高速数字综合网络、信息压缩与高速传输、多媒体技术和虚拟现实技术的进展，将给 21 世纪的生产、流通、消费和生活方式以及经济、社会等带来重大变革。人类将全面进入信息时代，信息产业无疑将成为未来最具活力的产业。信息将成为知识经济中最为重要的资源和竞争要素。

（二）知识经济对教育的要求

教育是知识经济的基础。在知识经济时代，社会主导产业将是以知识创新为中心，包括知识的生产、传播和使用在内的知识产业，知识更新的周期将越来越短，学习和教育将伴随人的一生，终身教育将成为一种社会需求。知识经济的教育是获取、运用知识创造新知识的能力。科学和教育是知识经济的两大支柱，教育内容将从学"知识"转向"学会学习"、学会思考，转向科学的思想、科学的方法和创新思想的教育。

（三）知识经济对人的要求

知识经济要求人具有较强的获取知识、运用知识和创新的能力，在结构上要由单一型向复合型发展。图书馆是教育链上极其重要的一环，在图书馆，人们要"学会学习"、学会思考，要掌握随时获取所需知识的方法，培养自己的创新能力，协助其他教育机构培养出大批能够操作使用现代化技术装备的人才，能够利用信息技术和信息资源的优势，为各行各业提供明智决策的人才资源。

五、图书馆反哺知识经济

随着知识经济的到来，作为信息产业重要成员的图书馆，会主动适应、积极创造条件去推动知识经济的发展。

（一）图书馆服务网络化

计算机与通信是信息社会发展的两大支柱。未来的通信技术发展带来的社会网络化、全球网络化，将成为信息社会发展的重要内容。

1.图书馆业务社会化

针对图书馆的一些共性业务，如文献资源的编目与标引工作。应以社会化的方式来完成，减少资源的重复与浪费现象。如目前北京图书馆发行的图书数据，中国版本图书馆的图书在版编目数据，北京高校图工委开展的联合采购、联合编目、随机配片等。

2. 实现图书馆的资源共享

尽管资源共享在我国图书馆界已提出多年，但至今尚未真正实现。随着高新技术，特别是网络技术在图书馆的成功应用，再排除一些其他干扰因素后，实现真正意义上的资源共享指日可待。

3. 图书馆是社会信息网络的中转站和导航员

图书馆要面向全社会传播文献信息，开展网络信息服务，如联机检索。图书馆都在互联网上建立了自己的主页，面向社会大众，如清华大学、北京大学。可以预见，随着计算机技术的多机化、网络化和广泛使用化的发展，图书馆必将成为我国信息网上最重要的信息输出者。

（二）图书馆是信息高速公路中的重要组成部分

图书馆是知识的海洋。知识经济时代，图书馆作为文献信息收集、加工和输出者的角色不会发生根本的变化，但图书馆的存在方式将会发生重大变化，图书馆将成为整个社会信息网络中的一员。因为在知识经济时代，知识爆炸式发展，文献信息产生的数量十分庞大，从而要求图书馆对其进行快速收集和整理，使其成为能够传递多媒体信息的机构。

1. 建立电子图书馆和数字图书馆

电子图书馆是指一个固定地方具有硬件和软件的馆舍。电子图书馆可以将不同的信息资源储存于不同的地点，使用者可以通过网络检索到所需要的信息。数字图书馆就是运用数字压缩技术，将大量文献信息以多媒体方式进行贮存、传输和检索，这是知识经济时代图书馆发展的主要方向。随着近年来我国经济技术的发展，已经基本上实现了这一目标，国家层面上建立专业的图书数据库、期刊学术论文数据库，同时，我国也开始引进和加入国外优秀的信息知识数据库，如斯普林格等。

2. 建立信息加工的机读数据库和综合数据库

图书馆在机读数据库和综合数据库的建设方面具有潜在的巨大优势，加强数据库的建设是未来图书馆在信息社会中的重大战略决策，同时也是图书馆进行信息服务的物质基础。

3. 增加信息服务的内容和含量

未来的图书馆服务范围将日益趋向多元化和专业化，从服务的广度上看，有可能涉及知识经济社会的各个方面；从服务的深度上看，要求有极高的科技含量，让知识经济与图书馆深度融合。

六、知识经济时代对图书馆的挑战

知识经济占据国民经济的主导地位，知识是最重要的资源，人们创造知识和运用知识的能力是经济发展的重要因素。对于处在世纪之交的图书馆来说是机遇，但也不乏挑战。

（一）知识经济的发展为图书馆带来了曙光

1. 图书馆的发展是知识经济的必然要求

图书馆是人类文明的宝库，是各种文献信息的集散地，数字化的图书馆应该是传播知识的网络中一个重要的节点。通过图书馆，人们可以快速、有效地获取文献信息。现代化的图书馆除了向人们提供事实知识、原理性知识和应用性知识外，还能够提供检索性知识，高效准确的服务使人们能利用知识获取最大的经济效益。所有这一切，都推动着传统的图书馆向现代化图书馆发展。

2. 图书馆为知识经济所要求的终身教育提供条件

人们在大学中学到的知识已经不足以应付日新月异的科学发展的长期需要。

因此，学习成为生存的重要因素，终身学习将是人们发展的永恒主题。终身学习的途径很多，例如学习第二专业，参加继续教育等，而图书馆因其收藏的文献信息量大、面广，以及社会公益性为终身学习提供的良好条件，利用图书馆已成为人们完成终身学习的手段之一。

3. 图书馆为培养知识经济社会所需的人才提供条件

现代自然科学学科越分越细，分工越来越多，学科之间相互渗透、交叉又产生了许多边缘学科。随着认识的深化，科学技术的专业化、综合化越来越明显。所以，在未来社会中，科技、经济、社会之间的关系日益密切，知识型的人才深受欢迎。既有专业知识，又知识面广、基础扎实的人才所起的作用将越来越大。

图书馆作为人类知识的宝库，所收藏的各种文献能为人们拓宽知识面提供丰富的文献资料。由此可见，在知识经济社会中，经济的发展需要大量的文献信息知识，从而离不开图书馆的存在，而知识经济条件下所需的人才资源的开发亦离不开图书馆的存在。同时，知识经济的发展为图书馆事业的发展创造了条件，也提供了动力，知识经济为图书馆事业的进一步发展创造了契机。

同时，知识经济社会中图书馆如何利用现代化的技术和手段改造自身已迫在眉睫，知识经济向传统的图书馆提出了挑战。

（二）知识经济条件下图书馆面临的危机

第一，图书馆服务手段落后，时效性差。目前，全国大多数图书馆的服务手段落后。以手工操作为主，提供的信息时效性差，满足不了知识经济时代对信息新、快、准的要求。众所周知，近年来，全国各级各类图书馆都面临着一个共同的困难——经费紧张，许多图书馆一年的经费连购书都非常紧张。在这种情况下，图书馆能凭借手工操作维持正常的运作就非常不错了。更新设备、改变服务手段只能是大多数图书馆同仁的一个美丽的梦想，读者从图书馆获取的信息要么已经过时，要么就是提供的信息不全，仅此一项，就使图书馆失去了读者。

第二，图书馆从业人员知识陈旧、思想落后，跟不上知识经济发展的要求。知识老化周期变短、产品换代加速是知识经济的一大特征。同样是由于经费紧张，图书馆馆员很少有机会参加再学习或外出参观考察，补充新知识，开阔视野，即使是刚毕业到图书馆工作的大学生，在一个相对封闭落后的环境中，用不了几年，不仅自身没有提高，在学校中所学的知识也陈旧落后了。图书馆位于文献信息工作前沿，图书馆员的思想也同样处于知识的前沿，还是需要一定的经费支持。目前，多数图书馆工作者只能利用馆藏文献自学来提高自己。

第三，随着现代科学技术的发展，文献资源作为主要信息来源的优势已不再存在，书刊资料已不再是唯一的信息源。随着计算机技术、通信技术、多媒体技术和网络技术的发展，上网查找信息已是一种很平常的事，通过网络可以直接获取各种图像、声音、文字的信息，这显然比到图书馆查找信息要方便快捷得多。很多人便不再单纯地依靠图书馆获取文献信息，所以，传统图书馆这种以文献为信息载体的服务方式不再具有优势，它必然被现代的服务方式和手段所取代。

第四，社会上新兴的众多信息服务机构，使图书馆面临激烈的市场竞争。随着知识信息在经济发展中所起的作用越来越大，社会上又兴起了各种各样的信息服务机构，信息的获取渠道也就越来越多。市场经济的发展，促使很多原有的文献信息机构如科研机构、档案馆等都积极地利用自身优势为社会服务。同时新成立的信息服务公司、电话声讯信息台等，在激烈的市场竞争中，用各种先进的方式积极主动地为各层次的用户开展方便、快捷的服务，从而吸引了一大批图书馆的信息用户，造成公共图书馆基本上没有什么读者的状况。当前共享经济的发展，共享图书、共享图书馆的机构增多，成为图书信息服务机构新的发展模式。

由此可见，在知识经济社会中，一方面，随着知识信息的日益重要，作为文献信息集散中心的图书馆又受到人们的关注，图书馆寻找回一部分市场；另一方面，传统、陈旧、落后的图书馆及其服务方式已不能适应社会的发展，若不变革，图书馆将失去知识经济所带来的机会。

第五章 高职图书馆参与校园文化建设思维

第一节 校园文化建设与服务观念

观念决定行为，行为决定习惯。有什么样的服务观念，便有什么样的服务。一个图书馆的服务观念决定了图书馆文化发展方向，同时图书馆的核心价值也是校园文化不可缺少的部分。下面将讨论与图书馆精神紧密相连的平等意识、读者意识、生命化服务观和职业精神。

一、平等意识：图书馆和读者建立关系的首要条件

人类几百年来追求平等、自由，甚至献出了宝贵的生命。当前人类仍然在追求平等、自由的道路上不断奋斗。追求平等、自由，在一个社会的任何角落都不例外，真理面前，法律、教育这些都是社会最基础的平等与自由。图书馆是人类文明的传承和社会教育机构，影响着一个社会的文化发展水平，是社会文明的重要标志。平等是读者与图书馆建立良好关系的首要条件，二者只有在平等的基础上，读者利用和图书馆服务才能形成良性循环。

（一）平等：图书馆学理论的要求

图书馆学理论界认为权利是特定社会成员依照正义原则和法律规定享有的利益和自由，读者权利是指读者依法可以自由享有图书馆机构提供的各项服务以获取文献信息的权利。这个理论首先就是保障读者正常享有的获取信息的权利，即读者的平等性。很多国家在制定图书馆管理法的过程中，考虑确认这一权利的基础性和重要性。从理论上说，这是其他权益的基础，只有保障了读者公平享有图书馆提供的服务，才有图书馆工作的开展和读者其他权益的保障。20世纪四五十年代，印度图书馆学之父阮冈纳赞（Ranganathan, Shiyali

Ramamrita）先生就将"每个读者有其书"作为图书馆学第二定律提出来，确立了平等性法则在图书馆学中的地位；被视为"世界图书馆宪章"的联合国教科文组织《公共图书馆宣言》中明确指出："公共图书馆应当随时都可让人到馆，它的大门应当向社会上一切成员自由地、平等地开放，而不管他们的种族、肤色、国籍、年龄、性别、语言、地位或教育程度。"

图书馆是大学重要的辅助教育部门，是高校课堂的重要补充，因此，学生作为受教育者应当平等享受这样的学习机会和平等学习的权利。

（二）不平等：图书馆实践的误区

在图书馆能够平等地享有阅读与使用的权利，是每一个权利人关注的第一个问题，也是最重要的问题。因为没有平等的地位权利，就谈不上使用和分享及交流，所以从平等使用开始，以此为开端，渐进式的发展是当前诸多问题的解决手段。

尽管这种开创性的工作得到了很多读者的认可，但由于宣传或者图书馆管理等方面的原因，很多方面还存在一些不平等的误区，主要体现在以下几个方面。

1. 获取资格的不平等

大学图书馆、企事业单位图书馆、研究院图书馆这些都建立在某一单位主体上，所服务的对象一般局限在其单位的工作人员，不对外开放，也不对外开展服务。这些图书馆的经费一般都来源于国家拨款，公共图书馆靠国家财政、税收拨款和社会资助而运行，"取之于民，用之于民"，按道理是应当服务所有的公民，然而却不能实现。而且，很多图书馆设定了限定条件，如图书馆规定读者必须具有一定级别的技术职称和行政职务，有的图书馆对于读者的学历、户籍、工作单位横加挑剔，有的图书馆以管理难度很大为由收取大额的费用，有的甚至将图书馆场地挪作他用，压缩图书馆实际办公空间。

2. 享受图书馆服务上的不平等

图书馆服务除了传统的书刊借阅外，还有文献检索（代查、代译）服务、参考咨询服务、定题情报服务、电子书刊阅览服务、剪报服务、复制缩微服务等多种服务项目。服务手段日益更新，服务内容不断深化，但在服务对象上并未达到"平等服务"的目标，"区别服务"在众多的图书馆还很常见。同是读者，教授和学生、领导和群众，享受的服务是不同的。有的图书馆馆内明显的区别在于，对教师可以开架借阅，对学生却是闭架的；对教师实行计算机检索，学生却仍靠手工检索；同一个项目可能对一部分人无偿服务，而对另外一部分人却实行有偿服务。

（三）实现平等：图书馆未来的努力

概括图书馆的各项工作，"一切为了读者，为了一切读者，为了读者的一切"，这三句话言简意赅，概括了这样一个深刻的含义：图书馆是为读者存在的，图书馆的服务是平等的，读者的需要就是图书馆努力的目标。这三句话也从不同的侧面说明，为了实现平等阅读的目的，图书馆仍须做出艰苦的努力。

1. 尊重

图书馆馆员应尊重公民成为读者的权利，尊重读者平等获取知识资源；另一方面，要尊重读者的个性，真诚地为读者服务，诚恳、礼貌、友善和善良的态度将尽快消除图书馆与读者之间沟通的障碍，有利于营造和谐、健康的教育环境。读者要尊重图书馆员的平等个性，尊重图书馆员的劳动成果，积极配合，共同创造文明、有序、高效的学习环境。

2. 开放

无论古代图书馆还是现代图书馆，"不平等的服务"都是由于图书馆的"封闭"本质导致的。即使在现代图书馆，"封闭式"仍然不同程度地存在"重管理、轻服务"的理念，图书馆开放步伐缓慢而沉重。所谓的图书馆开放应该体现在任何人都可以免费使用图书馆，所有书籍和期刊都可以借阅，读者在系统中使用图书馆的方法相当合理方便。所以图书馆必须加强开放博物馆的理念，形成开放观念，改变对读者的怀疑态度，以自由、温暖的气氛吸引读者，最终形成一个良好的学校福利。

3. 教育

（1）普及图书馆检索知识

图书馆的读者来自各行各业，所受教育水平不同，造成了读者在检索图书馆文献资料时的难易程度不同。尤其像高职图书馆，专业性强，要求读者具有一定的文献查阅知识，大学生写论文时，才会学习或者选修关于检索的课程，这就要求图书馆开设一些检索类讲座，普及图书馆资源的使用方式方法，如光盘、网络等。当然，这只是学校课堂的有益补充。

（2）强化平等观教育

图书馆工作人员与读者处于一个平等的地位，因此，双方都必须认识到："我们是平等的。"双方处于相同地位，那么平等观的教育便不能只针对一方而言。在读者一方，教育的目的在于使读者时刻意识到"我们是平等的，我可以和你讲道理，可以自由地表达我的合理意愿和要求并希望得到尊重和满足"。如果一方的权益受到损害就必须通过正常合理手段维护自己的合法权益，而不应当是忍气吞声。作为读者，能够对图书馆工作人员的工作起到监督作用，而图书馆工作人员也能够起到提醒读者遵守图书馆各项规章的作用，能够促进形成和谐的关系。

（3）制度约束

良好的图书馆制度文化是图书馆健康发展的重要保障。因此，制度是一个图书馆不可缺少的部分，各项工作必须形成健全的制度，这种成文的规定能保证图书馆管理工作的有序性和延续性。而图书馆将平等观念纳入制度具有两方面因素：一是将平等理论融入图书馆制度建设的重要内容体系中，在制度上规定图书馆的观念和执行的具体要求，是工作人员可以执行和操作的具体要求；二是确定的这些制度必须要能够严格有效地执行，只有在此基础上才能够确定制度的权威性，保证以后的工作能够正常良好地开展。

图书馆是一个知识分享与传播的机构，因此开放平等是必须坚持的原则。作为与图书馆相关的各个主体就必须为平等而努力，尽管绝对的平等是不存在的。读者的阅读需求存在实际差异，合理的有针对性的服务便无可非议。

通过这些方式，搭建起读者与图书馆工作人员之间平等的沟通渠道，形成一种彼此信任的良性互动关系。

二、读者意识：提供优质服务的前提

读者是图书馆工作的服务对象，是所有图书馆工作的中心，服务读者是图书馆工作的重心。自 20 世纪 80 年代末期以来，随着社会各方面对文献资源开发利用的需要日益增长，图书馆的工作重点，已经不再是基础建设。目前，我国大部分的高校图书馆的基础设施已经得到完善，现在的主要工作是提升软环境，改善对读者的服务工作。因此，目前的图书馆工作就是以读者为核心，建立健全图书馆工作机制和制度。

在此条件下，针对读者的研究成为一个重点研究课题和方向，图书馆研究领域有"读者意识"这一概念。

（一）"读者意识"的概念和特点

什么叫"读者意识"？它指的是图书馆馆员作为主体，能自觉地承认并理解读者对象的存在、兴趣与欲求的意识。它要求馆员以读者的信息接收为目的，自觉地把读者的接收结构纳入自己的工作思想中。简单地说是帮读者解决难处，提供给读者他需要了解的或想要了解的信息。需要了解的信息是读者必须获得的内容，而"想要了解"的东西，则有两层意思：一是图书馆馆员已明了读者对象正在做什么工作，需要什么信息。图书馆是情报信息中心，大量信息图书馆已经拥有，读者却不一定全知道，我们觉得他们应该需要这些信息，于是主动提供给他，这是学术研究上的情况。我们的定题服务、专题索引、参考咨询、书目推荐等就包含有这一部分的工作。二是教育与引导功能。工作对象，除了教师，大部分是青年学生。学生正是世界观尚在形成，思想可塑性大的阶段。书刊信息也一样，像有些港澳台书刊、限制发行级别的内部参考等，就须注意读者对象的类型。图书馆有自己特殊的教育职能，在某种意义上，图书馆馆员是一个过滤器，通过过滤，把读者应该知道的信息提供给读者。我们平常说的"为人找书，为书找人"，正是通俗地表达了读者意识的这些内涵。

读者意识是馆员的一种思想素质和图书馆职业道德的集中反映。只要我们盘点一下论述图书馆职业道德的文章，就不难明白这一点。无论是职业道德的基本原则——热爱图书馆事业，树立从业的自豪感与献身事业的信心与决心，还是职业道德的基本内容；无论是对工作、对读者的态度，还是对自己提高思想修养的要求，都是以培养读者意识为宗旨的——不管是否明确意识到这一点。很难设想，一个缺乏读者意识的图书馆馆员能够很好地、创造性地在自己的岗位上做好工作。

图书馆有了读者意识的影响，能够形成一种人文环境，读者能够在这个文艺环境中有种静谧感、一种归属感，成为读者的精神家园。读者意识可以生发出一种特有的人文环境。

读者意识的特点包括自发和通过读者来反映。读者意识不是自我形式主义的炒作，是一种自觉，又是一种能动的反射。所谓他者的眼睛，就是用读者的眼睛来搜寻信息，把读者的需求当作自己的需求。好像演员演戏，作家写作，要能把自己转换成剧情中或作品中的人物角色。图书馆馆员的劳动满足了读者，读者则在同等意义上塑造了你。图书馆的工作是服务性工作，这种工作的价值只能在服务的过程和服务质量中来体现。

（二）"读者意识"提出的逻辑是什么

第一，现代图书馆坚持开放，以服务大众为宗旨。古代的藏书机构从来不需要关注读者，研究读者更是无从谈起。现代随着图书馆功能由"藏"到"用"的转变，读者问题就理所当然地凸显出来了。读者是否利用图书馆？采取何种方式利用？利用的积极性如何？读者的行为能否得到控制？这些都是现代图书馆需要回答和探讨的问题。读者意识是否形成，它的强或弱，已成为图书馆服务现代化的一个标志、一个水准仪。

第二，受现代图书馆的地位的影响。不管目前我国图书馆在社会中的实际地位如何，都无法动摇来自社会对图书馆的需要与依赖。然而，这一切都和图书馆提供什么样的服务密切相关。图书馆馆员的读者意识是图书馆充分发挥作用的一个强有力的保证。可以预见，在今后的图书馆中，读者意识将成为馆员的一种明确而具体的职业规范，而不是一种现在看起来是过高奢侈的要求。

第三，读者意识也是近代市场经济运作的必然产物。虽然我们能够从古籍中搜寻出一些论述读者作用、意义的零星断句，但读者意识的真正"催化剂"还是现代的市场经济。这牵涉到体制问题。

第四，读者意识是在图书馆理论发展到一定阶段必然的结果。过去的研究只重视单纯地研究图书馆理论，缺少拓展性思考。关注读者这一关键课题，这既是现代图书馆需要关注的核心问题，也是图书馆多样化研究的特点。例如，读者的需求、读者动机、读者的特征以及读者的阅读特点等，这些都可以构成图书馆理论研究的重要课题，这些课题具有很强的理论和实践意义。

（三）读者意识的养成途径

读者意识是现代图书馆事业的召唤，是历史的一种必然要求。但从实践的观点看，恐怕很难说我国的大多数图书馆已有了自觉的读者意识。

读者意识的形成，最快捷有效的，莫过于深化体制改革，让市场机制来左右馆员的行为。铁饭碗一旦被打破，用人制度一旦真正按市场需求"自动化"配置，人员的评价一旦让读者说了算，馆员的心中便不由自主地有了读者的位置和形象。但现实地看，第一，改革不可能一蹴而就，事业单位实行市场机制尚待时日；第二，即使实施了市场机制，所有人员也还有一个如何适应的问题。读者意识作为一种主体意识，它必须是自主、自发、自动的。环境与机制的力量虽然是强有力的，它可以重新塑造或更新人的价值模式和行为模式，但塑造和更新的过程却是令人痛苦的。所以，未雨绸缪，自觉地培养图书馆从业人员的读者意识，是面对未来的挑战而采取的明智战略。

读者意识的形成，目前可以从以下两项工作开始起步：

1. 优化组织结构

这里的组织结构，指的是个体所在的系统或说人际环境、人文环境，并不仅是指外在的诸如部、室组织形式的设置等。后者是按工作性质的一种分类或安排，只涉及工作人员的相关知识或能力，并不涉及或很少涉及人员的潜能的发挥等。要使读者意识成为图书馆的工作理念，其系统结构至少须有如下三个明晰的特征。

（1）服务性领导

图书馆的领导层不但要以"读者至上"的理念来规划工作，更要以身作则。从读者的立场思考问题，以读者所需要的态度来接待读者、处理读者投诉等，但更为重要的表达方式是，要明确自己是为馆员服务的。现代民主社会以民为本、以民为主，这种思维模式能给全馆提供一种价值观，一旦被馆员所领悟、理会，便会产生一种"同构"的衍射。在某种意义上讲，这种思维方式是使全体馆员形成读者意识的有效催化剂。其所产生的读者观念，是主体内在的自然生长，而不是外在的人为"格式化"的结果。

（2）自主性制度

所谓自主性制度,是一种以尊重人的价值、让人自由发挥能力的人性化制度。它以激励为特点,没有"不准"的限制。例如,现在比较流行的目标管理制度即如此,这种制度只设立可行性目标,但不对执行目标的过程进行控制,这就给人以较大的空间。自主性制度的好处,一是能给人尊重感,给人一种自由空间,也让人有责任感,更能让人体会到自己的价值与能力。如果图书馆实行人员业绩与能力评量制度,则会带来一些崭新的面貌。例如,同是为了降低矩借、丢刊而想的办法,过去是为了不被扣分或少扣分,是被动的;现在是为了表明自己有能力、有创意,可以争取到业绩分,因而是主动的。应该注意的是,实行自主性制度,绝不能一只脚踩着油门而同时另一只脚却踩着刹车。能否实行真正的自主性制度,这是对领导者民主素质的一种检验。

（3）需求至上

制度、结构、程序与革新都针对并来自读者的呼声,这只是其中一方面。另一方面,这些制度、结构、程序与革新的实际效果如何,得让实践来回答。让读者参与进来,既是一种结果的检验,又是一种过程的监督,这要比一切馆内自我监督机制要强有力得多。

2. 重建个人价值模式

价值模式是一切行为的根据。所谓思想支配行动,也就是价值模式支配行为,这就是为什么我们的所有改革总是以思想解放为先导的原因。要让图书馆馆员建立起读者意识,先要树立馆员的价值模式。

价值模式的转变可以改变一个人的精神状态。图书馆是一项永远不会改变的服务工作,图书馆的价值在于服务所有需要它的人。那些需要它的人离不开图书馆的图书馆员,正如他们不能离开医院、医生和护士。未来信息中介是专门从事获取、收集和传递信息的热门行业。图书馆员就是这样的角色,根据信息需求者的目的,他们利用自己的知识和能力,向读者回答问题,明确信息的来源、信息的传播途径、载体形式和具体地址。这意味着未来社会将越来越依赖图书馆馆员。当然,我们不需要未来的骄傲和赞扬。但是如果你意识到对你依赖的读者,无论是科学研究课题的解决,或者在青年学生的成长的过程中,都灌输着你的服务、你的心血渗透,难道你不感到发自内心地快乐和安慰,甚至感受到人生价值的升华和欣赏，给人一种高贵的感觉吗？因此，我们说强烈的读者意识感会使图书馆和图书馆馆员有一个辉煌的人生。

三、生命关怀：人文之本

当前，关于人类全面发展理论的和谐与自由发展的理论在我国的教育理论中得到了发展，在教育实践中最突出的表现之一就是广泛的讨论和在学校教育实践中的推广。

《学校图书馆宣言》指出："必须向那些不能获得图书馆正常服务和资料的用户提供特殊服务。"对该类读者的关怀是多方面的，如设立残障者通道、残障者专用卫生间；为盲人读者提供面对面的朗读；为山区读者提供流动书车服务；为老年人、福利院的儿童和监狱服刑者送书上门等）生活教育也应成为读者教育的重要组成部分。生命教育是为了帮助读者了解生活本质，理解生活意义，尊重生命伟大，珍惜生命价值，避免读者对生活和错误区域的漠视。图书馆可以首先丰富相关生活方面的文献资源，以此为基础，以开展"生活教育"为主题，以书展、书评、研讨会、征文等一系列活动加强读者的生活教育。

（一）尊重生命，培养积极的生命情感

要让读者体验到更有尊严的图书馆生活，获得尊严的重要表现就是在图书馆里受到尊重。《公共图书馆宣言》以"自由、繁荣以及社会与个人的发展是人类根本价值的体现"开篇，表达了图书馆行业对于人类普世价值的认同和尊重。对图书馆具体而言，尊重读者的生命自由，即尊重读者对知识存取的自由。强调知识自由是每个读者所拥有的表达和保留观点、寻求和接收信息的权利，是民主的基石和图书馆服务的核心；图书馆和信息服务机构应确保读者获取知识信息的自由。

（二）尊重读者生活的个性

应该承认人类的发展是不同的，个体的个性也有不同的形态。作为个体，首先存在其独特的个性。马克思主义的全面发展，始终是具体的，是现实中个体的全面发展，而具体现实的人总是表现出与他人不同的独特特征，如思想、个性、气质与能力等，都体现在个性上。人的存在是一种个性，所谓的全面发

展是个性的全面发展。从理论上讲，没有人会否认对人的尊重和对生命的尊重的重要性，但在实践中，人们往往会故意忘记。就具体的图书馆文学活动而言，可以从几个方面来看。

1. 法令显示尊重

图书馆规章应被视为图书馆与读者之间的契约。一方面，读者的行为是规范性和限制性的，也反映了图书馆对读者的承诺与保护。从尊重读者生活的角度出发，图书馆应该保障读者自由获取知识信息的权利。不仅要告诉读者不要做什么，还要告诉读者权利有哪些。就监管而言，应该减少甚至取消限制性语言，如"禁止"和"不"。

2. 惩罚是尊重

对违规行为应采取相应的惩罚措施，这似乎是自然合理的考虑，但不同的处罚反映了对图书馆员生命尊严的保护或漠视。在世界各地的图书馆中，对书籍的逾期罚款几乎是司空见惯的做法，但要实施这些措施还有很多事情要做。

隐私指的是个人生活领域不愿意让别人知道的事情，个人隐私是受法律保护的，隐私权是公民基本权利的重要组成部分。读者的隐私包括两个方面，即个人的隐私和读者在图书馆相关活动的隐私。读者的网上检索、预约、用户在线咨询、个性化定制服务以及文件递送服务等，都涉及读者的隐私。特别是现代利用网络提供信息服务，后台还自动记录了读者相关活动情况。建立完善的读者隐私保护制度，保护读者的隐私，是图书馆中的一项重要工作，也是社会文明的发展对于现代图书馆提出的新课题和新要求。

3. 快乐的图书馆馆员会成为快乐的读者

培养图书馆员的职业幸福感，鼓励图书馆员追求生活的幸福，是图书馆管理者在生命哲学指导下的责任，幸运的是"幸福指数"在这个行业中得到了越来越多的关注，人们相信这将是提升生活理念的良好基础。

四、职业精神：图书馆服务育人的内核

（一）图书馆精神与图书馆职业精神研究

20 世纪中期，针对图书馆学者当时在市场经济的大潮中，找不到国家的图

书馆学学术，回到"非理性"的整体状态，早期"图书馆精神"的年轻学者脱颖而出，发出了"图书馆精神"研究的倡议。20世纪90年代初，关于图书馆精神的讨论持续了一段时间。图书馆精神包括"开放""平等""友好""法律"等现代元素。今天所提到的图书馆精神主要是指图书馆的专业精神。图书馆专业精神包括：第一，人人享有平等的图书馆使用权；第二，每个人都有权自由地使用图书馆；第三，免费服务是图书馆平等使用和免费使用的基本保证。可以把图书馆的专业性归结为四个方面：爱国、爱书、爱馆、爱读者。

（二）图书馆职业精神

馆员职业道德准则的试行，对于传达图书馆行业的职业理念，确立图书馆职业精神，以及建立图书馆职业尊严、职业声誉、职业形象，扩大社会影响，促进事业可持续发展将发挥着重要作的用。该准则借鉴了国际上成功的经验，是图书馆职业走向成熟、并与国际接轨的重要标志。

"敬业、奉献、团结、进取、科学、理性"的精神是图书馆业普遍认同的图书馆职业精神。在此基础上，我国图书馆员职业道德准则，将图书馆员的职业精神发展为敬业精神、诚信精神、专业精神、平等精神、团队精神、合作精神、创新精神。它吸收了"诚实、责任、平等、自由、尊重、合作"等人类普遍应遵循的价值观念，具有强烈的责任意识、服务意识、法制意识和权益意识，体现了图书馆为人的全面发展和社会进步这一终极目标而努力的坚定信念，特别是"平等精神""诚信精神""专业精神"的提出强化了图书馆人文本质特色，对图书馆事业发展将具有十分重要的意义。

1. 平等精神

平等是社会发展的必然要求，任何行业、任何时候平等是基本条件。图书馆行业是为广大读者服务的组织，因此平等地位是读者开展服务最基本的条件。任何主体，只要遵守图书馆的规定，进入图书馆，都必须享有平等地使用图书馆文献资料的权利。不论年龄、种族、性别、信仰、社会地位，都应该平等地享有图书馆提供的服务，图书馆馆员应当一视同仁，提供无差别服务。在合乎图书馆管理规定的情况下，读者的合理要求都应当满足。例如，高校图书馆，因为专业性较强，很多师生都需要查阅一定的外文文献、专业书籍，且有借阅的需求，因为外文图书码洋较高、专业性强，很多图书馆没有采购此类图书，图书馆就要通过向采编部门反映教师的需求，满足师生的学习和研究需要。

2.诚信精神

"诚信"是我国公民基本道德规范之一。各行各业都在逐步建立和完善诚信体系，形成和建立全社会重视诚信的良好氛围。而外文图书码洋较高图书馆更要注重诚信建设。诚信是"真诚"和"信用"，图书馆真诚为读者服务，讲信用，读者也应讲信用，尊重图书馆馆员的劳动成果。

3.专业精神

专业精神是图书馆专注本职工作、潜心钻研本专业技术的态度。随着现代科学技术的发展，图书馆工作的专业性越来越强，这就要图书馆工作人员具有专业的知识。这种专业知识一方面来源于图书馆工作人员日常的自我学习和提升，潜心钻研；另外一方面来源于图书馆定期或者不定期的培训。通过这两方面，逐步提高专业技术水准。国外发达国家无不重视图书馆馆员的专业精神，在我国，这方面还存在很多问题，需要引起足够的认识。

五、高职精神：为人师表的内在需求

高职图书馆工作人员作为学校的一员，既是服务的工作人员，也是学生面前的一名教师，他们和教师一样，担负着培养优秀人才的重任，在每一个细节中，体现"为人师表"的表率作用，处处为学生树立榜样。校园文化建设中更不可缺少这种表率。

（一）育人成才需要

育人是教师的职责所在。育人必须成长，这是每个教师的愿望。这种愿望是教师心中对自身职责的积极承担，对实现工作目标的积极承诺。目标设置理论认为，为达到目标而工作的愿望与自我效能感即对自己完成任务的信念相联系，自我效能感越高，完成任务的自信心就越足，并随着积极反馈而增强。这意味着育人成长需要在很大程度上取决于教师育人的自我效能感。教师对完成育人任务越充满信心，他的育人成长需要就会越强烈。教师完成育人任务越出色，就越能激发他的育人自我效能感，就越能提高他的育人成长需要水平。重要的在于如何为教师出色完成育人任务创造有利条件。这种条件包括为育人提供良好的服务、为育人营造良好的社会氛围、为育人制定正确的方针与政策、帮助教师树立正确的育人观。其中，坚持育人为本，是帮助教师树立正确的育人观的工作方针。

（二）科研成就需要

教师的工作任务，除育人以外，就是从事科学研究。学校对科研的制度安排，在很大程度上激发了教师从事科研的积极性，这种积极性的背后是科研成就需要的动机支持。对自然和社会如此纷繁复杂的现象和变化，抱有好奇心，并力图揭示这些现象的本质和变化的规律，为改善人类生存状况和福利而奋斗，这是教师开展科研的真正目的。为达到这一目的而进行科研的愿望，构成了教师从事科研的内在动力。当然，没有对科研的制度性安排，就难以强化教师的科研成就需要。如把科研成果与职称直接联系起来，开展优秀科研成果的评比，奖励优秀科研成果等等，都是强化教师的科研成就需要的制度性安排。

（三）社会尊重需要

在马斯洛需要层次理论中，尊重需要是人的高级需要。对教师而言，这种尊重需要不仅发生在人与人之间、教师与学生之间，而且发生在教师与社会之间。因为，整个社会对教师的尊重，是学生、家长乃至其他所有社会成员对教师产生尊重感的基础性条件。教师在学生面前保持必要的权威性，使学生相信教师的话代表真理、代表事实、代表正义、代表有用的信息，使教师在学生心目中成为真理的卫士和真理的传播者。这是教师对学生实施有效教育的必要条件。所以，教师通常具有强烈的社会尊重需要。社会应该做出制度性安排，不断强化教师的社会尊重需要。

（四）为人师表需要

教师总是充当着学生领路人和榜样的角色。教师每当听到一声"老师好"的学生问候，就会感受到这种角色所肩负的责任。面对学生的仰视，家长的托付，社会的期待，这种角色在教师心中一次一次地得到加强，最终必将定格为一种需要，即为人师表需要。这种需要构成了教工工作最基本的道义力量。

　　每个人面对自己的职业生涯，都会作出选择。每个职业都有其特定的行为规范。职业选择本身包含对特定行为规范的选择，职业生涯本身也包含着特定行为规范的内化过程。为人师表是教师职业特有的行为规范。一个人选择当教师，就必然面对为人师表这一行为规范的选择，就必然面对将为人师表这一行为规范内化为他的一种需要的选择。

　　为人师表行为规范向为人师表需要的转化，从选择教教生涯就开始了，但是，其转化效果和程度，则受制于多种因素。其中，最重要的外部条件之一是良好的从业环境，最重要的内部条件之一是高尚的职业理想和开朗、灵活、真诚的个性。

　　教师的良好从业环境主要是指尊师重道的社会氛围、相对优越的工资和福利待遇、相对优美的工作环境、人性化的管理制度等等。为人师表行为规范不是某人意志的反映，而是尊师重道的社会氛围的必然产物。这意味着满足教师的社会尊重需要，是促进为人师表行为规范向为人师表需要转化的条件。在这样的氛围中，为人师表行为规范与尊师重道之间存在着一种必然联系，任何人都必须适应这种联系。这种联系使教师产生出对为人师表行为规范的敬畏感和社会责任感，为人师表行为规范向为人师表需要的转化，就会随着这种敬畏感和社会责任感的增强而在教师的心中默默地进行着。尊师重道的社会氛围、相对优越的工资和福利待遇、相对优美的工作环境、人性化的管理制度，是提高为人师表行为规范向为人师表需要的转化效果和程度的重要条件。

　　教师的高尚职业理想是指：以教师职业的神圣使命为荣、以教师职业的社会责任为志、以教师职业的爱心奉献为怀。教师职业肩负着神圣而光荣的历史使命。教育是沟通的桥梁，是人认识和改造社会的基石，是社会乃至每个家庭憧憬美好未来的希望。教师是建设这桥梁的设计师，是打造这基石是工程师，是实现这希望的领路人。教师职业承担着重大的社会责任。教育为年轻一代健康成长创造条件，其中最重要的条件是教师对学生如同父母、胜似父母的爱心，这种爱心是教育成功的不二法则。教师职业是怀揣爱心奉献精神的职业。当然，对这些职业理想的追求，与教师的育人成长需要和科研成就需要有密切联系，从这个意义上讲，满足教师的育人成长需要和科研成就需要，是促进为人师表行为规范向为人师表需要的转化的条件。

只有以有幸肩负这种神圣使命为光荣的教师，以有幸承担这种社会责任为志向的教师，以有幸奉献这种爱心为胸怀的教师，才能在为人师表行为规范向为人师表需要的转化过程中，克服困难，排斥干扰。教师要有效地奉献这种爱心，还必须有开朗、灵活、真诚个性。开朗是教师向学生奉献爱心的大门；灵活是爱心奉献收放自如、驰骋有度、互通有无的保证；真诚是爱心奉献的试金石。唯有教师真诚的爱心奉献，才有学生真诚的爱心接纳。如果说，以爱心奉献为怀的理想，是教师职业理想不同于其他职业理想的一个显著标志，那么，开朗、灵活、真诚个性对以教师职业的神圣使命为荣、以教师职业的社会责任为志的高尚职业理想的树立，也是至关重要的。因此，这样的个性是为人师表行为规范向为人师表需要有效转化的一个重要条件。

第二节　校园文化建设与服务措施

一、引领阅读：图书馆学风指数模型的建立

（一）学风建设：高校发展的永恒主题

学风是求知者在求知目的、治学态度、认识方法上长期形成的，其外在表现主要包括学习风气、治学风气和学术风气。一所学校的学风是其人才培养目标和质量的重要标志，也是培养人才的重要手段。因此，学风建设已成为学校的基本精神建设之一，是高校发展的永恒主题，良好的学风成为高职创品牌、树信誉、求发展的重要基础，是高校核心竞争力的重要内容。

"质量是高校的生命线，培育优良学风对于提高教学质量，促进人才培养十分重要，教育主管部门的各类政策文件对此都有论述。

（二）图书馆：高校学风建设的重要基地

大学图书馆是大学的重要支柱之一。没有一流的图书馆就没有一流的大学，优秀的图书馆是优秀大学的重要标志。国际研究表明，大学的声望与图书馆藏书之间存在着密切的关系。便捷、高效地获取信息是大学进行教学、科研和社

会服务工作的基础。为高水平的人才培育和科研创新提供充分的信息保障是大学图书馆的使命。

随着创新教育体系的建立，高校十分重视加强实验、实习、社会实践、毕业设计（论文）等实践性教学环节，推进讨论式、案例式教学方法和合作式学习方式，以提高大学生的实践能力和创新能力，引导学生了解多种学术观点，追踪本学科领域的最新进展，并进行初步的探索性研究。高等教育改革的方向表明，图书馆作为学生自主学习的学习中心的定位将越来越强化。除继续承担学习资源的收集、加工、制作与传播中心及作为学生学习活动的重要场所的活动中心的职能外，还将增强与教师教学共同作用的教学中心的职能。

事实上，图书馆已经成为一个学校学风的窗口和风向标。在教育部组织的本科教学工作水平评估工作中，图书馆是评估专家实地考察学风的必到之地。

然而，仅仅通过图书外借一项指标并不能完整地从图书馆的角度反映学校的整体学风状态，评估专家仅凭短时间的走马观花似的目测来判断一所学校的学风也是不全面的。作为一所高校的学习中心，图书馆应该建立一个相对科学、独立的系统，比较完整地反映学风状况，同时从一个侧面体现办馆效益。

（三）学风指数：学风评价和测度的重要参数

1.指数的概念

指数是一个抽象的概念，用来测度一组相关变量在时间上的变化，或比较这些变量在国家或地区间的一般水平的相对数。指数的概念最初被用于经济学领域，是用来反映社会经济现象数量变动的相对数，如"价格指数""证券指数""质量指数""顾客满意指数"等。作为经济分析的重要工具之一，指数为制定宏观经济政策、抑制通货膨胀提供了重要依据。后来指数的概念被广泛地应用于许多学科领域和社会生活，如"欣赏指数""污染指数""健康指数""快乐指数"等，甚至有人用"指数化生活"来描述现代人的生活状态。可见指数被应用的广度。

2.图书馆学风指数

通过统计图书馆读者在图书馆的各种数据，建立分析模型，分析图书馆学风状况，从而形成的学风评价值。

3.提出"图书馆学风指数"的作用

一是可以进行量化分析，具有极强的分析效果和说服力；二是通过学风指数可以有效指导图书馆的各项工作，通过有针对性的数据来采取措施，促进各项系数能够均衡发展；三是图书馆发布的学风指数，也是校园学风建设的重要参考，能够激发学校提升学风建设的动力；四是促进图书馆信息资源更为充分地流通、传播和有效利用；五是通过指数能够及时掌握动态学风变化情况，寻找出现的问题，及时采取有效措施。

（四）学风指数模型的建立

1.采集数据

数据的主要项目有读者外借册次、读者入馆人次、读者借阅人次、数字资源搜索和下载篇次、读者主要借阅图书种类、读者借阅频次等。其中，外借册次和内阅人次来源于图书馆管理系统的即时数据，读者入馆人次来源于图书馆门禁系统的即时数据，数字资源下载篇次来源于图书馆网站服务器的即时数据。这些数据来源于不同的部门或者系统，需要在图书馆内部形成数据信息共享，才能得出准确的分析结论。

2.编制程序

图书馆建立图书馆数据定时发布机制，设置时间节点，根据单项数据绘制直观图表，直观反映图书馆的各项数据指标，如"今日入馆人次""今日借册次""今日阅览人次"等，还包括某一时间段数据，如"上午入馆人次""本期外借册次""全年阅览人次"等，同时以院系或者学科单位为排名，起到一定的激励作用。主要流程为：数据采集—数据分析—数据统计排名—数据发布—反馈。

3.建立指数模型

单纯依靠数据来判断学院乃至学校的学风以及其他指标是不准确的，其中有很多因素的影响，而且数据的变化需要进行科学分析。比如学院专业的因素，文科专业的阅读和进入图书馆的次数明显增多，而工科学生大多会去实验室，艺术类专业的学生会去画室或者琴房，体育类学生会到体育馆，这就造成数据与学风没有直接的关系。除此之外，由于地点的不同，到图书馆的次数也会受到影响。因此，为了避免这些因素的干扰，这里所确立的指数模型暂时不包括各院系的学风指数，而仅指学校图书馆的整体学风指数，公式为：

学风指数 = 报告期数值 / 基期数值 = 进馆流量 / 读者数 ×25%

基期数值的设定参考：①普通高等学校图书馆评估指标（草案），阅览座位与学生效之比为 1 ：4；②学生课堂学习时间与自学时间之比。

（五）学风指数的发布效益

经过上述程序，建立了相应的数据模型，试用了一段时间并进行了一些调试，将最终的数据通过图书馆的电子显示屏和网站对外发布，播出的内容有："今日入馆人次"（柱状图）、"今日外借册次"（柱状图）、"今日阅览人次"（柱状图）、昨日利用数据（含入馆总量、外借册次、内阅人次、学风综合指数，以文字显示）、上周指数走势图（抛物线图）、上月指数走势图（抛物线图）等。

通过后期的数据分析发现，这种方式对学风的提升作用是很明显的，而且收到的反馈效果很好，对于校园文化建设有很大的促进作用。

（六）指数评价体系的问题和对策

第一，随着图书馆数字化水平越来越高，读者对数据资源的依赖程度越来越高，有很大一部分作者已经不习惯或者不方便到图书馆阅读，而是通过现代化的手段利用图书馆资源。因此，这个指数评价体系并未将此纳入其中，造成了数据的不全面，这是不足之处。

第二，作为严格量化指数系统，可准确反映能够被数据化的内容，而针对图书馆的利用还有无法量化的方面，那就是读者利用图书馆资源的质量，比如使用文献信息资料的学科属性、价值以及利用图书馆资源之后产生的成果。这些是无法统计的，也无法通过一个量化指标反映。

第三，指数指标体系的发布产生了一系列作用，对学校学风的提升起到了重要作用，有利于形成良好的竞争性学习氛围。然而，单纯的数据追求，会导致院系之间盲目竞争，如通过多次借还制造假数据。

针对这些问题，一方面将数字资源的利用数据纳入到指数模型范围内，通过考虑读者利用文献信息资料所取得的实际效果，通过调查和反馈等机制提高评价的科学性和准确性；另外一方面，还要设定相应的限制性因素，避免投机取巧行为，造成恶性竞争。

二、便利见贴心：基于网络条件的移动服务

（一）传统观念中的图书馆服务便利度

图书馆服务的便利度是指图书馆为读者利用文献资源获取知识提供快捷、方便的程度。包括图书馆位置的便利度、图书馆的服务的布局、图书馆内部的设置、图书馆工作人员的工作安排等。具体内容包括以下几个方面。

1. 图书馆服务时间的安排

图书馆提供的可供读者有效利用的时间，是衡量图书馆便利度的一项重要元素。很多图书馆是全年 365 天都开馆，如国家图书馆、上海图书馆、深圳南山区图书馆等。目前国内很多图书馆，大多实施每周 7 天、每天 15 小时的不间断开放，这种安排为那些只有在晚间、周末、节假日才能利用图书馆的读者带来了极大的便利，为他们提供了较好的学习条件。

2. 图书馆位置的便捷性

读者要到图书馆使用文献信息资料，那么地理位置的便捷度就成为了一项重要考量因素，图书馆处于一个城市或者某一区域的中心，有着便利的交通，那对读者有更大的吸引力，而高校图书馆，一般都在校区的中心，有很好的交通条件，读者都非常方便。这就是有多个校区都会设立分管的原因，为读者提供便利。

3. 服务设施的便利

指的是图书馆建筑设计上的合理性，硬件设施上的完整性和人性化。建筑设计上要求有良好的通风、采光条件，有直达电梯的设计，有无障碍通道的设计等；硬件要求有开水房、存包柜、复印机、打印机等设施，书架高矮适度，阅览桌椅感觉舒适，指示牌简明、醒目、用语温馨，垃圾桶安放到位以及为残疾人士提供轮椅，下雨天为读者提供雨伞，晚间为读者开放自助还书箱等都是设施便利的表现。

4.资源布局和文献组织的便利

为方便读者、考虑读者需求而采取相应的资源布局和文献组织方式将大大提高服务的便利度。现代图书馆有按学科主题集中的资源布局模式，读者在一个区间即可查阅到所有相关主题的各语种、各载体、各类型资源，消除了读者在各楼层来回奔波之累。同时，文献组织也须按读者习惯的、易接受的方式组织排架。

5.服务模式的便利

在多种形式上为读者创造快捷、方便的服务：实行开架借阅、入馆后可在各库室自由出入，借阅手续简便，检索系统完备，融藏、借、阅、咨询于一体，提供复印、打印、资源下载、刻录、扫描、文献传递等多方位、多层次的服务。

6.沟通、交流的便利

读者了解资源和服务的便利：通过发放图书馆简介、服务指南等资料或小册子为读者提供了解图书馆资源与扫描的途径。同时通过网站、媒体等多种渠道进行新书通报、数字资源更新报道及各种服务宣传，让读者有获得图书馆最新消息的便利。

读者反映要求的便利：在图书馆醒目位置设立实物意见箱，在图书馆网站设立留言簿，建立图书馆论坛，创设虚拟参考咨询台，方便读者及时反映意见和要求并迅速获得反馈。

读者获得教育、培训的便利：图书馆开设文献检索课程，定期组织读者教育、各类信息资源讲座等活动，将为读者获得相关知识的教育、培训提供便利。

（二）移动服务：网络时代的便利标志

基于互联网和存储技术发展起来的数字图书馆满足了读者通过计算机网络查询电子资源、借阅电子图书、利用图书馆其他服务的需求，且不受时间和地域的限制。然而该项服务中对于网络设备和有线终端的要求仍然会给读者利用带来不便性。图书馆移动服务的诞生弥补了这一缺点。

图书馆移动服务系统的建立背景：

1. 手机拥有量急剧增长

手机单向收费在全国陆续推出，以及手机网络资费水平下降，使得智能手机变成了多功能的终端，手机用户能够直接使用手机进行阅读、游戏等活动，移动阅读已经成为人们生活中的重要组成部分了。

2.WAP 业务的蓬勃发展

WAP 的出现，将有线互联网扩展到了无线领域。随着网络支持能力的改善，一键上网的便捷性提高；终端性能的完善，处理能力的丰富，终端界面的友好，WAP 业务受到了更多的手机用户的欢迎。WAP 是由一系列协议组成的，支持无线数据高效传送的标准，它极大地改善了网络连接的速度，表现形式更为丰富，支持动画、声音、流媒体、图文混排等，为广大移动用户带来了极大的便利。

3. 图书馆集成管理系统的不断优化

顺应移动通信行业的飞速发展和读者要求越来越高、越来越具个性特色的需求，图书馆集成管理系统的开放性越来越强，功能越来越得到优化。

（三）移动服务系统的建立和运行

1. 系统平台

图书馆根据自己的情况在设置了网络查询及手机网页查询按钮之后，开设了自己的微信公众平台，甚至很多图书馆都拥有自己的手机 APP，为读者提供书目查询、图书阅读等功能，建立了一体化的网页、移动终端服务系统。

2. 实现功能

（1）手机查询功能

只要读者拥有一台支持他的手机，并且开通了中国移动或中国联通的 WAP 或 GPRS 服务，即可在手机上网的地址栏输入网址，进入手机图书馆。目前已经开通的功能有："图书馆概况""书目检索""我的图书馆"等。通过"图书馆概况"，读者可以了解本馆的人员、资源、馆舍、服务等多方面的情况及读者服务的相关制度；如果读者在登录手机图书馆后，选择"书目检索"功能，则可进行公共书目检索，系统提供了题名、著者、主题三条检索途径，并提供了拼音、英文、数字等多种输入法供读者选择。确认自己的所需文献后，读者还可继续了解文献的详细信息：借阅状态、藏书地点、库存数量等。"我的图书馆"为读者查询自己的借阅历史、已借图书数量、图书应该归还日期等个人借阅状态。与电脑上网检索不同的是，手机查询不受任何有线网络设施的影响，真正实现了"随时、随地、随身"的贴心服务，使手机图书馆成为了名副其实的"身边的图书馆"。

（2）到期提醒和超期催还功能

设置一定的图书借阅期限是图书馆促进图书流通、提高资源利用率、实现读者利用公平的通行做法，对于超期不还的读者，多数图书馆都会采取收取滞还金的方式予以约束。因为担心图书超期被罚成为读者借阅图书的一大障碍，并且往往合成为激发馆读矛盾的焦点，很多读者在被罚之后的反应就是"我怕超期，我再也不去图书馆借书了"。为让读者及时还书，图书馆采取过书面通知、电话口头通知、网站列表通知等多种催还措施进行告知，工作量很大，费时费力，效果却不尽如人意。利用手机短信，一旦读者注册自己的手机信息成功，系统会根据读者设置的参数（如图书到期前7天）将图书到期信息和超期信息以短消息的形式自动推送到读者的手机上。显示为："图书馆温馨提示，您有三本图书即将到期。""图书馆温馨提示：您有一本图书已经过期。"有了短信的提醒，读者再也不用担心自己会忘记还书日期了。

（3）预约到书提醒功能

汇文系统实现了读者预约图书的功能。读者注册成功后，系统将从数据库中自动获取被预约图书的归还信息，并通过短信平台自动发送给预约该图书的读者。对于急需获得该图书的读者来说，短信的提醒无疑是及时和便利的。

3. 运行实效

通过建立移动互联网终端等平台，读者使用数量迅速增加，扩大了图书馆的服务面，更好地改善了图书馆服务水平。

第六章 高职图书馆参与校园文化建设实践

第一节 校园文化实践与个性化服务创新

随着科学技术的发展，尤其是移动互联网的发展，信息的种类和新媒体传播方式越来越多，从简单即时沟通工具到互联网社交，再到自媒体，发展速度快、内容多。这种变化，一方面为校园文化建设实践带来了更多的可应用工具和途径；另外一方面，这种变化导致知识更新速度越来越快。高职教学和科研对信息的需求具有针对性、及时性和新颖性，并呈多元化的特征。互联网时代，图书馆必须适应这种发展模式，才能满足师生对信息的需求，促进自身的发展，也才能够与校园文化建设均衡发展。下面将从数字化网络化的起源、数字图书馆的发展现状及趋势入手，通过分析图书馆网上服务现状，探索当前图书馆在数字化、网络化新环境下适应时代发展的需求，积极开展创新服务，为教学科研服务，针对读者多元化的需求进行个性化服务的新模式。

一、校园文化建设实践与个性化服务

近年来，随着计算机和互联网的广泛应用，基本上所有的图书馆都在进行技术革新，具备了在网络上提供以信息查询为基础的图书馆信息服务，而且速度很快。然而，这只是基础，现在个性化的图书馆服务是图书馆的变革方向。个性化为提升图书馆服务质量提供了新的目标和方向，也为服务对象利用图书馆信息资源创造了更好的条件。图书馆通过了解自己的读者，利用现代化技术工具，为不同的读者提供差异化的服务，全面提升图书馆的服务质量和水平。当前，图书馆的个性化服务主要包含以下内容。

（一）个性定制

个性定制主要包括内容、界面、服务、检索和提示型定制。这种定制主要是在读者与图书馆互动的过程中，读者根据自身的需求，提出的服务需求。为了满足这种需求，图书馆通过设定不同的参数或者选择来满足读者需求，因为每个人的需求不尽相同，因人而异。

（二）个性推送

个性推送是图书馆根据大数据分析读者的特征，整理一些读者可能感兴趣的内容发送给读者，从而实现图书馆和读者有效互动的方式，主要有以邮箱为代表的人工推送和软件自动完成的机器推送。随着新兴媒体工具的广泛使用，个性推送方式越来越多，如微信公众号的建立，每一个读者不同的回复或者需求都可以得到不同的推送，找到自己感兴趣的内容。

（三）呼叫中心服务

呼叫中心服务是在计算机技术的基础上建立的综合性信息服务体系。用户可以通过电话、计算机、客户端或者网站等手段联系到图书馆的客服，得到帮助，实现图书馆的各项功能。呼叫中心服务的特点是可以提供全天候服务，提供很多解决问题的途径和通道。随着微博、微信等媒体工具的发展，读者通过呼叫中心获取到图书馆服务的方式更多、更便捷。

（四）"我的图书馆"个性化服务系统

当前，大部分图书馆都建立了"我的图书馆"个性化服务系统，通过登录"我的图书馆"，读者可以将自己的信息查询和使用数据保留下来，这个系统既是读者访问图书馆的窗口，又是图书馆采集读者信息和使用数据的最好方式，读者可以通过这个途径进行信息查询、文献信息资料的获取等信息服务。方便读者的同时，为图书馆改进服务质量提供了有效手段。

（五）图书馆门户网站和服务 APP

图书馆门户网站和服务 APP 是图书馆开展对外服务重要手段，通过访问图书馆的网站或者 APP、微信公众号等终端，能够获取图书馆服务。随着移动互联网的普及，这些个性化工具发挥的作用越来越大，图书馆变得更加虚拟，图书馆与读者的互动更加密切，并且服务内容越发具有针对性。

二、网络环境下校园文化实践中的个性化服务技术支撑

个性化服务从本质上说是一种以人为本的服务，所有的工作都要围绕人来开展，当前要实现这个目标，就必须运用各种技术手段实现。

（一）数据挖掘技术

互联网极大地丰富了人类的信息，网络是一个巨大的信息海洋，一方面丰富了人类的知识，但另外一方面也使信息参差不齐，造成了信息困扰。因而，数据的发现和挖掘就很重要，通过数据挖掘技术，从众多信息中找到自己需要的内容，服务于经济社会文化发展需要，才是关键。图书馆通过数据挖掘技术找到校园文化建设中的一些有用信息或者规律知识，这是最基本的文献信息服务。

（二）数据推送技术

图书馆的主要工作之一是知识的传播，每个读者的需求不同，信息价值就不一样，同一个信息，一些读者认为是必要的，是有价值的；而对于另外一些读者，可能就是多余。比如最前沿的纳米技术，纳米研究学者是很需要的，而对于一位研究历史的学者们，则不一定有价值，这也体现了数据的分发和推送技术是多么重要。当前的信息推送技术主要有频道式推送技术、邮件式推送、网页式推送和专用软件式推送四种方式。

随着"互联网+"技术的发展，目前基本上所有的图书馆都建立了自己的微信公众号和官方微博，通过这两种途径，能够很轻松地实现图书馆与读者的信息沟通和互动。同时，微信公众号平台的广泛应用，为图书馆的数据推送和其他服务提供了简单便捷的途径。

（三）智能代理技术

智能代理是一种能够完成委托任务并可以快速浏览互联网，寻找所需信息的计算机系统。这种技术能够有效捕捉到读者的使用痕迹，通过分析，总结出读者的爱好、专业需求等个性化特征，从而为读者提供个性化服务项目。同时，通过长时间的总结，能够自动检索，为读者提供信息资料，甚至代理读者的工作。这在智能化时代的今天，是非常具有代表性的。因此，随着技术的不断发展，

这种技术会被升级成为一种智能化服务。

（四）门户技术及 Web 技术

门户网站成为当前任何组织开展信息服务的标准配置，通过门户网站可以实现信息展示、信息查询、服务入口等服务，对于图书馆服务来说可以实现图书馆目标。

三、网络环境下校园文化实践个性化服务系统的发展趋势

（一）系统的服务功能及交互性增强

通过系统可以灵活地为客户提供服务，而且随着技术手段的增多，多样化增强，系统通过痕迹记录，长时间的数据积累，形成客户行为的描述图，就能够为读者提供读者需要的推荐。同时这种交互成为有效交互，长此以往，读者与图书馆的关系就稳固下来。

（二）以用户为中心的理念更为凸显

现代社会以用户为中心的理念体现在任何服务行业，这样才能赢得用户的支持。无论技术发展到什么阶段，只有以用户为中心，以人为本，才能在激烈的市场竞争中争取到主动地位，使得行业持续、创新发展。

（三）My Libiry 系统与垂直门户网站相结合提供服务

图书馆的门户网站为开展读者服务提供了良好的入口，专业化的读者与大众化需求的读者，都能够兼顾到。而 My Libiry 系统与垂直门户结合，为开展最优的信息服务提供了最优通道。

（四）发展集体定制服务

图书馆的系统是图书馆与用户之间的交流，而对于用户与用户之间却没有直接的交流机制，而对于同一类用户可以形成一个集体。针对这一类集体开展信息服务，提高服务效率，能够避免重复性工作，把工作集中到提供更好知识信息工作上来。

四、网络环境下校园文化实践个性化服务存在的主要问题

（一）信息资源建设问题

文献信息资源是信息服务开展的基础，个性化的服务必须具有丰富的信息资源，如果没有丰富的文献信息资源，一切个性化的服务都是空谈，都不能够赢得用户的满意。因此，信息资源是个性化服务的第一步，但对于目前的很多图书馆来说，仍以信息收藏量为主，服务为次，过于片面追求图书馆信息的大而全。因此，这种做法势必阻碍图书馆的个性化服务工作的开展，同时也为校园文化建设取得成效带来很大局限性。

（二）技术的繁复与用户使用的便捷性问题

通过技术手段能够为用户提供所需的服务。由于不同的用户有着不同的需求，因此，为其提供的服务和技术难度各不相同。由于技术本身具有一定的复杂性，这种复杂性不仅会为用户使用系统增加难度，甚至会出现一些用户因为知识基础薄弱而无法使用的问题。同时，随着系统功能的增加，技术操作相应复杂。可见，个性化的用户服务与技术本身存在一定的矛盾，二者需要有一个均衡点。

（三）用户信息安全问题

互联网的发展，为用户的信息访问和利用提供了前所未有的便捷，然而，信息安全一直是人们备受关注的问题，尽管国家相关部门三令五申要对信息加强管理，要保护公民的信息等隐私信息不受到侵犯。但每年都有很多信息失窃案件，给公民个人和组织造成了巨大损失。

（四）知识产权保护问题

互联网为图书馆开展信息服务工作提供了丰富的信息资源。电子资源和网络信息资源逐渐成为信息的重要内容，由于电子资源和网络信息资源的特殊性，因此就难免会出现一些知识产权纠纷问题。

五、网络环境下图书馆个性化服务的主要难点

（一）资金短缺

图书馆作为高校内设机构，服务高校的科研和教学工作，不收费，不以盈利为目的，主要的资金来源靠学校划拨。资金来源中一部分用来支付人员工资，主要部分用来购买文献信息资料和设备，还有一些用于图书馆日常运营。仅仅这些开支都显不足，更不用说用于开展文献信息资料使用的培训、员工继续教育等，而且很多图书馆仅仅就购买图书这一项，就很难有足够的经费，很多时候是压缩了再压缩，满足不了师生的实际需求。图书馆经费的不足严重影响图书馆各项工作的开展，个性化服务更是无从谈起。有些图书馆为了自身的发展，便开展一些收费型服务，如电子阅览室收费制、资料复印等，有一定的成效，但读者对图书馆的收费也往往是颇有微词，不利于图书馆服务的开展。

（二）图书馆人员与个性化服务开展不匹配

图书馆工作人员来自不同的专业，文化程度不一，甚至有一些从业人员的综合素质较差，积极性不高，没有全身心投入到信息服务工作中。知识结构不完善，大部分工作人员还停留在整理图书、借还图书的工作流程中，很难适应图书馆开展个性化的信息服务工作。

（三）信息资源重复配置

图书馆布局不合理，而且在文献信息资料上，也具有重复性，造成资源浪费。如果图书馆能够对文献信息资源进行统筹，避免重复性采购，这就能够节约一定的经费，用于其他方面。经过长期积累，能够为信息共享和个性化服务提供资金支持。单一的独立的图书馆只能对一定区域范围内的用户开展服务，不能够对所有的用户开展个性化服务，而纸质文献等专业权威性较强的内容无法通过网络开展服务，这也成了个性化服务开展的束缚。

（四）技术支持不足

图书馆的主要服务对象是师生，因此其技术水平是根据师生的具体信息需求而建立的，通过技术手段为用户提供专业信息，并定期提供信息推送，为师生推送相关专业的前沿研究成果信息。这种服务能够满足师生的需求，但开展

个性化的服务以满足用户多方面的需求，还显得不足。首先，这种不足体现在信息资源上，个性化的信息服务是以海量的信息资源为基础的，然而，目前的高校图书馆很大程度上还是以纸质的信息资源为主，没有将纸质文献资料数字化，这不便于个性化服务的开展，这对于国内所有图书馆都是一个难题。没有统一的数字化标准，图书馆也没有经济实力开展所有图书馆的数字化工作，而图书出版单位出于版权考虑，一般情况下，也不乐意提供数字化的图书，制约了信息资源的共享。其次，现有的图书馆检索技术不能满足读者的需求，通过关键词查询，作者查询能够满足基本的检索需求，在很多专业性内容上，无法通过关键词检索实现，不能满足专业用户的需求。再次，图书馆一般都没有专业的计算机技术运营和维护人员，即使有，也只是负责日常的网站维护工作，很多图书馆更是将这项业务外包，这就导致个性化服务技术上往往存在安全漏洞，带来很多运营风险。最后，由于专业人员的缺乏，导致个性化服务系统兼容性较差，不能够实现信息的多方共享和用户的使用。

（五）个性化服务的运行机制不健全

图书馆作为一个内设机构，根据办学性质，图书馆工作人员具备不同的属性，一般情况下，属于事业单位系统人员，在事业单位体系内，缺少创新的激励机制，不能够统一协调，行动一致。而且，没有很好的工作监督机制，不能责任到人，很难提供快速便捷的个性化服务。图书馆的考核机制、人员设置都是由学校人事部门管理，没有动力，缺乏竞争和创新意识。在这种环境中，一般都是坐等用户上门，没有主动服务读者的概念。同时，在图书馆的内部机构设置上，按照功能区分的部门相互之间各自独立，缺乏有效联系，不利于个性化服务工作。经过调查还可发现，图书馆很大一部分尚未实现数字化，不能全方位开展个性化服务。

六、网络环境下开展图书馆个性化服务的对策

（一）市场化改革

图书馆开展个性化服务，对人员和设备的要求远远高于一般的图书馆，因而，其中的巨大投入单靠政府或者学校划拨是无法满足的。个性化服务需要引

进设备、各种数据库资料等，这都需要巨大的资金支持，例如各高校图书馆需要引入的 CNKI 系统，图书馆每年都要定期支付一笔使用费。这些投入，如果要图书馆还开展个性化服务，那肯定是不可能的，所以必须建立一个投入与收益的有效平衡机制，保证正常运营，能够有发展的基础条件和动力。传统的文化服务单位还要通过转型，成为有一定主动权的文化产业单位，在做好服务的同时，积极创新，形成文化产业单位之间的竞争，把图书馆工作当成一项事业。

（二）提高图书馆工作人员知识水平

图书馆开展个性化服务，对图书馆的人员和设备提出了更高要求，简单的图书整理、借还服务已经不是主要工作，图书馆工作人员必须对信息检索知识、计算机应用有一定掌握，能够利用计算机管理系统，给用户提供资料。就目前来看，我国部分图书馆还不能满足这个条件。这种状况下，也不能全部重新招聘人员，因此开展图书馆培训是快捷有效的途径。首先，制订图书馆人员培训学习计划，分时段开展培训工作，短期开展各种技术性培训工作，长期开展能力性培训，两者结合，提升员工工作服务水平；其次，根据员工的年龄和知识层次，进行培训，重点培育一些技术骨干、年轻的员工，形成图书馆个性化服务主力军。当然，除了培训，还应当鼓励员工开展多种形式的自修或者自学，提升自我工作或者管理能力。个性化服务是基于互联网开展，因此对于传统图书馆的布局和设置没有过多的要求，现行的图书馆体制不会对调整形成束缚，因而，全国的图书馆或者各个图书馆可以在现有资源的基础上，优化布局，形成合理、互补的新型的个性化服务布局。多余的资源可以用于图书馆的人员培训和人员配备。图书馆要敢于打破传统，要开放办馆，信息共享，形成共建、共享、共利的局面，要调整运营管理机制，实现全社会知识共享，减少重复投资建设，满足用户的个性化需求。

（三）建设个性化信息服务的技术体系

图书馆的个性化是在依托互联网，通过各种现代信息技术，提供满足用户的信息需求，信息技术是开展个性化服务的保障，如数字化技术、推送技术、专业网站导航技术等。其中数字化技术是基础。数字化信息资源和传统的图书资源相比，具有易于分类加工、贮存、搜寻、传送等优势，不受时间和空间限制，个性化服务能力得到大力提升。数字化技术在图书馆的应用主要解决电子资源统一处理问题、读者大数据管理问题、数据仓库和数据挖掘问题等，将元数据仓库和大数据挖掘等技术应用于数字图书馆的体系结构中，实现数字图书馆的快速海量存取技术，为具有多个分布式资源库的大型数字图书馆提供快速统一的查询技术。

随着个性化服务水平的提升，图书馆应将业界一些最新计算机服务手段和技术运用到实际的工作中来，保持图书馆信息技术的持续更新。

图书馆个性化服务的开展，是一项系统化工程，需要多方位协调，以及各个部门的配合。宏观上，对图书馆个性化服务要有深刻认识，积极整合各方资源、技术，更新传统图书馆的设置，调整人员考核和管理方式，形成有效的激励机制，提升服务的同时，让每个员工行动起来，主动服务。

第二节　校园文化实践与维护文献信息资源保障与安全

创新是一个社会发展进步的灵魂和基础。高等院校作为文明社会进步的重要标志，其发展对高校图书馆的发展与建设，对如何为高校教学、科研提供文献信息资源保障提出了更高的要求。图书馆工作者要努力提升创新能力，实现文献信息资源保障。

一、实现文献信息资源保障的意义

20世纪90年代我国各信息服务机构掀起了文献信息资源保障体系的建设，如教育部的中国高等教育文献保障系统、中国科学院的文献保障系统、文化部的中国图书馆信息网络等，均有成就。图书馆完善的文献信息资源保障能够提供教学活动所需的教材、教辅资料，拓宽学生知识面，使其具备全面素质教育和未来社会对人才要求所需要的知识储备。在科研工作中，文献资源的完整性能提供科研工作必要的素材，还能追踪国内外行业学科动态以及查新、查重等。图书馆高效服务的前提需要图书馆具备完善的文献信息资源保障体系。

构成图书馆的要素有很多，馆藏文献、读者、馆员、技术方法、建筑与设备等，共同构成图书馆这个发展的有机体。其中馆藏文献既包括传统的印刷性文献，也包括新型载体的视听资料、电子出版物等。它是图书馆赖以存在和开展工作的物质基础，是根据图书馆的性质、任务和读者对象，有目的地、系统地收集起来的。它经过科学的加工整理、合理的组织，成为有重点的、有层次的图书馆文献资源保障体系。完善的图书馆文献信息资源保障在图书馆构成要素中处在基础与决定地位，是图书馆赖以工作和发展的先决条件，其完善程度直接体现了图书馆的办馆水平和能力。

二、文献信息资源保障的策略

科技的高速发展和高等教育大众化为高校图书馆发展提供了新的机遇。一方面是多样化的信息需求和服务方式出现，另外一方面是图书馆迎来了更多的发展方向选择，这既是机遇，也是挑战。如图书馆需要提供什么样的服务，才能满足高校快速发展的科研和教学需求，才能够为教学科研提供更好的保障；如何结合本校、地区和自身特点，制定密切结合实际的图书馆发展方针和服务模式，为文献信息发展提供保障，已经成为图书馆界的新课题。

（一）加大宣传力度，强化文献信息工作的地位

图书馆一直被认为是科研和教学的辅助单位，在资金投入、重视程度方面都显不足，大部分情况下，优先安排教学、科研等单位。高校大规模扩展，教育投入更多的是放在基建，不怎么重视图书馆的软实力建设，在师资队伍、校园建筑面积、教学仪器设备、图书资料几个主要项目中，投入到图书馆的费用可能很少，这与校园文化的发展是不匹配的，导致高校图书馆发展缓慢，服务无法提升。为了改变这种局面，图书馆的每一个工作人员，有责任而且有义务进行宣传。相关的决策者也应认识到，高职教育中，文献信息资料保障是不可缺失的一部分，而且是一项事关全局的工作，对于学校教学质量和科研水平有着重要影响。同时，通过各种方式让大家明白，图书馆既是学术服务机构，更是学习中心，对文献信息服务有着重要意义。信息化时代，没有图书馆，没有信息化服务，科研和教学工作可能无法开展。学校相关部门和领导应当高度认识到图书馆文献信息保障在整个科研和教学中的地位和作用，为信息保障提供必要的支持。

（二）重视政策扶持，保障经费投入

图书馆的发展需要依靠学校的支持，高校相关管理部门通过制定一系列的管理制度和发展政策，为图书馆的发展提供宏观指导，在图书馆馆舍建设、新技术的应用、设备购置、书刊资料配置等方面做好规划，在高校发展的各个时期，都需要将图书馆的发展纳入整体发展规划，提供必要的资金和政策支持。图书馆在坚持公益性办馆基础上，拓宽经费来源渠道，激发图书馆活力，增强自我发展能力。图书馆没有办馆所需要的资金，任何业务都是无法开展的。

（三）加强协作，实现资源共享

现代社会高速发展和学校自身的发展对图书馆的服务提出了新的要求，但是对于捉襟见肘的办馆费用，显得尤为不足，因此图书馆必须以满足用户需求为目标，解决这一矛盾。当前，解决这一问题的有效方法是实现资源共享。第一，要实现校内文献资源的协调，建设图书馆信息资源中心，整合校内资源。第二，要加强高校间图书馆的合作，形成地区综合性的文献信息保障体系。同时，还可以加强图书馆与社会单位的合作，如与各个图书馆、政府单位、科研机构、医疗机构的图书信息机构合作等。

为了给图书馆的文献信息工作提供理论支持和指导，还必须加强这方面的研究，把研究与实践结合起来，建立一个分类清晰、涵盖齐全的图书馆信息网络，为用户提供准确便捷服务，学校应从多个方面提供支持。

（四）提高图书馆人员素质，以人文本，形成良好办馆风气

队伍建设是一所图书馆能够得到发展的关键问题。图书馆的人员必须具备较高的图书信息专业理论水平，广博的科技和人文社会科学知识，较强的学习和处理信息的能力，以及高尚的职业道德。而且，随着个性化服务的开展，对人员的素质提出了更高的要求。然而，就现状而言，尚未达到这个标准。建立一支高素质的图书馆工作队伍，是目前亟待解决的问题，也是一项长期工作。

良好的图书馆风气，能够将员工凝聚到图书馆的中心工作中来，形成强大的合力，促进图书馆的发展，而且，这也是校园文化重要组成，必须重视图书馆良好的图书馆风气建设与培养。提倡一切都是为读者服务，增强图书馆工作人员的主人翁精神，主动服务读者，积极为读者创造条件，通过不断改进工作，

规范工作人员的行为，营造一个积极向上、和谐的良好氛围。通过激励措施，鼓励工作人员积极思考，加强自我学习，提升工作能力和自我发展能力。

三、加强图书馆文献信息资源建设的建议

（一）合理的目标定位，激励馆员发挥积极性与主动性

图书馆必须深入分析母体属性、自身资源和经费合理定位，制定切合实际的发展目标，分步骤、有序推进发展工作。要把这种目标分解到图书馆的每一名工作人员身上，既能够有能力去实现，又有发展的动力。员工有了很好的积极性和主动性，才能够有发挥余地的空间，告别那种单纯借还图书的重复性工作。

（二）先进的办馆理念提供正确指导

一个图书馆的办馆理念影响着图书馆的发展方向，是图书馆各项政策制定的前提。要凝练图书馆的办馆理念，科学管理，提高图书馆的服务水平，根据学校特色，形成与校园文化相匹配的文献信息体系，发挥图书馆优势，为高校提供有力保障，把图书馆打造成资源丰富、设备先进、服务周到的文献信息中心。

（三）争取经费支持，加强经费投入和自动化网络化建设

近些年，随着高等教育改革，高校都有了相对灵活的办学机制，图书馆也有了一定的主动权，但对于绝大多数的学校来说，都处于快速发展的上升时期，在文献信息建设方面还存在不足，现有资源还只能满足师生的专业学习基本要求，没有充足的经费满足重点学科的全方位资料建设。因此，应通过互联网，建立以文献信息共享为基础的信息合作，建立网络信息共享体系，解决资源短缺问题。同时，积极争取学校和其他机构的支持，扩大图书馆的资源建设。

参考文献

[1] 宫磊. 高校图书馆管理与服务创新研究 [M]. 长春：吉林大学出版社，2020.09.

[2] 屈义华. 阅读政策与图书馆阅读推广 [M]. 北京： 朝华出版社，2020.02.

[3] 曹瑞琴. 高校图书馆学科服务与智慧化建设 [M]. 吉林出版集团股份有限公司，2020.03.

[4] 淳姣，樊伟. 16 所世界一流大学图书馆服务特色及创新概览 [M]. 成都：四川大学出版社，2020.03.

[5] 党跃武，张盛强，李禾. 一流大学图书馆治理能力现代化的探索与实践 [M]. 成都：四川大学出版社，2020.10.

[6] 张毅华. 新媒介环境下图书馆读者心理演变研究 [M]. 镇江：江苏大学出版社，2020.11.

[7] 朱原谅. 高校经典阅读推广理论与实践 [M]. 安徽师范大学出版社，2020.01.

[8] 焦青. 高校图书馆文化建设研究 [M]. 北京：中国商务出版社，2019.03.

[9] 刘华卿. 互联网时代高校图书馆与公共文化服务的融合发展和实践 [M]. 长春：吉林大学出版社，2019.05.

[10] 周甜甜. 高校图书馆管理与读者服务研究 [M]. 延吉：延边大学出版社，2019.08.

[11] 张丰智，李建章. "双一流"建设背景下高校图书馆建设与服务 [M]. 北京：北京邮电大学出版社，2019.07.

[12] 过仕明. 图书馆移动服务模式和质量评价研究 [M]. 哈尔滨：黑龙江人民出版社，2019.01.

[13] 龙渠. 现代图书馆服务与管理工作研究 [M]. 北京：原子能出版社，2019.10.

[14] 霍灿如. 图书馆工作四十四年 [M]. 黑龙江大学出版社，2017.04.

[25] 唐晓应. 高职院校图书馆管理研究 [M]. 北京：中国书籍出版社，2009.05.

[26] 王波. 中外图书馆阅读推广活动研究 [M]. 北京市：海洋出版社，2017.11.

[27] 蒋群蓉. 当代高职院校图书馆服务创新与发展研究 [M]. 吉林出版集团股份有限公司，2019.05.

[18] 张理华. 高校图书馆与校园文化建设研究 [M]. 北京：台海出版社，2018.09.

[19] 郑幸子. 高校图书馆管理与服务创新 [M]. 长春：吉林大学出版社，2018.01.

[20] 刘时容. 且为繁华寄书香高校图书馆阅读推广理论与实务 [M]. 北京：新华出版社，2018.05.

[21] 程显静. 图书馆建设与发展研究 [M]. 北京：华龄出版社，2018.12.

[22] 卢家利. 法律法规视角下我国公共图书馆工作创新研究 [M]. 北京：中国商务出版社，2018.06.

[23] 梁宇清. 大数据时代的图书馆管理 [M]. 中国原子能出版社，2018.08.

[24] 李永霞，卢胜利. 高校图书馆建设与校园阅读推广 [M]. 成都：电子科技大学出版社，2018.04.

[25] 周秀玲. 大数据环境下高校图书馆阅读推广创新模式研究 [M]. 天津：天津科学技术出版社，2018.04.

[26] 陈三保. 新形势下图书馆服务与创新 [M]. 昆明：云南科技出版社，2018.05.

[27] 张青. 全民阅读推广与图书馆事业研究 [M]. 成都：四川大学出版社，2018.01.

[28] 王志华. 跨文化背景下中美高校图书馆比较 [M]. 中国广播影视出版社，2017.10.

[29] 包瑞. 高校图书馆服务与资源开发 [M]. 长春：吉林大学出版社，2017.08.

[30] 张白影，聂道良. 图书馆工作论丛第 6 辑 [M]. 北京：北京理工大学出版社，2017.12.

[31] 陈进，李笑野，郭晶. 高校图书馆阅读推广案例精 [M]. 北京：海洋出版社，2017.01.

[32] 陈红. 传播学视角下的高校图书馆导读体系构建 [M]. 长春：吉林大学出版社，2017.07.